Relatos de la Mrs López

Dania Ferro

La Pereza Ediciones

Relatos de la Mrs López

First Edition, 2012

© Dania Ferro

Publisher: Greity González Rivera

La Pereza Ediciones, Corp
Manufactured in United States of America.
For information, write:
ISBN:0615721583

La Pereza Ediciones, Corp
Miami, Fl, 33196
United States of America

ÍNDICE

AGRADECIMIENTOS

A veces la palabra GRACIAS me parece corta, pobre, pequeña, insignificante.

Gracias a ti, que tienes este libro ahora en tus manos. Me gustaría que llegaras a encontrar en él un poco de magia y que esta alcanzara para llenar tu vida de manera especial.

Gracias a mi madre por ser valiente y traerme a este mundo a pesar de todo.

Gracias a mi hijo Gabriel por ser lo mejor y lo más grande.

Gracias a mi adorada abuela, mi eterna mima, mi Pucha llena de flores por ser mi base, mi soporte, mi sostén, mi faro, mi guía, mi cimiento, mi pilar, mi refuerzo, mi gran apoyo, mis dos manos, mis dos pies, mis cinco sentidos. Gracias por ser mi defensa, mi auxilio, mi protección, mi respaldo, mi socorro.

Gracias a mis tías Cuqui y Tania.

Gracias a mis primas Coco y Beto.

Gracias al Rubio, a Jorge.

Gracias a Mimi de la Rose por vivir estas historias y por tener el coraje de contarlas.

Gracias a mi Jicoteo por ser mi amigo y mi amor. Y gracias a todos los que alguna vez conocieron ese lejano lugar en el mundo, llamado, Pino Solo.

Para escribir necesitarás vivir un cúmulo de vidas, cuantiosas situaciones, o tener la imaginación suficiente para querer y lograr inventártelas. Te harán falta agallas y una excesiva sensibilidad. Para escribir grandes historias, que toquen vida, que transformen generaciones, que lleguen, que queden, que no se olviden, necesitarás poner demasiado el corazón. Para escribir algo genuino, diferente, que sirva realmente de ayuda, que aporte, necesitarás buenas intenciones. Para escribir tendrás abundantes noches de desvelo, muchos días dedicados, meses de completa renuncia a tantas otras cosas. Deberás ser constante y afanoso, y tener realmente un deseo copioso de contar buenas historias. Para escribir deberás tener la pasión suficiente para querer llevar mensajes y trascender en ellos, te hará falta muchísimas razones. Para escribir deberás entonces amar mucho el hecho mismo, de poder hacerlo. Yo no sé si tengo todo lo que necesito para escribir. Yo no sé si ya estoy preparada para hacerlo. Solo sé que mi mayor deseo es tener TODO lo que hace falta para escribir. Solo sé, me gustaría mucho intentarlo, estar preparada, hacer mi mejor aporte, mi mejor papel, mi mejor intento.

Dania Ferro, 2012

El último de mis suspiros

Santa María
Santa María

Bello pueblito de mi San Luis
Que no consigo olvidar...

¿Será porque allí me llegué a enamorar
De los guajiritos más bellos?

Oriel, Yuri, Eimer, Demi, Ranfi, Leiter,
Andy, Williams, Yadiel, Yosvany,
Darien, Eduardo.

¡Todos me gustaban...!

Y soñé tanto que los besaba
Que aquel llamado Laguito
Para tantas miradas robadas
Chiquito se me quedaba.

Santa María

Santa María

Bello pueblito de mi San Luis
Que no consigo olvidar!

Y te veo así como quien grita:
¡BIENVENIDO A LOS TURISTAS!

Pero no son muchos los que en su lista
Tienen escrito tu nombre.

Y allá ellos...
Unos cuantos despistados
Que por descuido
En el mapa no te incluyeron.

Despistados

¡De lo que se pierden no saben...!
Guajiritos hermosos.
Una ceiba como ninguna.
Una hermosa laguna.
Y muchas historias pasadas.
Interminables bailes, lambadas
En un laguito apartado.
Una tienda.
Un chinchero.
Un contenedor donde por chavitos

Ahora venden helados.
Patricio Lumumba el seminternado
Y bellas casitas iguales.

Santa María
Santa María

¡Ojalá te vuelva a ver algún día!

Mientras tanto
Con orgullo y con amor
Escribiré sobre ti.
Y ojalá que muchos se lleguen allí
Motivados por mis letras.

Santa María quiero que sepas
Que para ti he guardado
El penúltimo de mis suspiros.

Porque el último.
El último...
Cuando yo muera
Será para mi Pino Solo querido

El diario de noviembre

En una ocasión, contemplando el calendario, a Mimi se le ocurrió preguntar: Noviembre, ¿por qué son tus días tristes, grises y fríos? Claro, jamás esperó recibir respuesta alguna, pero para su total sorpresa, Noviembre se salió del calendario, se sentó a su lado, puso un diario entre sus manos y ella comenzó a leer esto:

Agosto insiste, demostrándome que sus ojos permanecen fijos en mí. Yo, Noviembre, vivo suspirando por Julio.

Junio ama en silencio a Diciembre, le escribe poemas y canciones, pero nadie se atreve a contarle a Diciembre cuánto es que Junio la ama, porque Junio es sentimental, tímido y sufre de depresión; y no soportaría el rechazo de Diciembre.

¡Diciembre se siente tan cerca de Enero! Cada año lo ama más. Lo ve más guapo, elegante, lleno de esperanzas y propuestas que nunca le hace a ella, porque a Enero, sólo le importa ser el primero en todo, que lo celebren y admiren. Para él, Diciembre es demasiado vieja y la mira por encima de sus hombros.

Marzo sueña casarse con Septiembre, pero en el corazón fiel y perfeccionista de Septiembre sólo vive Mayo.

Mayo también quiere estar con Septiembre, pero él conoce el amor de Marzo también por ella y teme traicionarlo o romper su corazón. Por eso, el buen Mayo, vive llorando siempre, todo un cielo de lluvia.

Julio vive perdido en sus viajes, en sus mares inmensos, contemplando en sus espejos su amplia colección de sombreros de sol; pero cuando sus eternas vacaciones le dejan algún tiempo libre, piensa en la posibilidad de unir su vida algún día con Febrero, la apasionada, amorosa y genial señora que roba todas sus ilusiones.

Febrero, por su parte, cree firmemente, y sin temor a equivocarse, que Enero es un inmaduro.

Dice que Marzo no le parece atractivo, aunque tienen buena química y a menudo se les ve muy juntos sonriendo. Mayo la llena de melancolía; Junio la confunde con sus silencios. No soporta a Julio, es orgulloso y se cree el mejor. Agosto es demasiado intenso para ella; y Octubre (que es a quien le entregaría todo su amor), solo la ve a ella como una buena amiga de consultas.

Febrero siempre tiene que oír como Octubre le cuenta que muere de amor por Abril y como Abril también vive muriendo de amor por él.

Febrero se queja conmigo que morirá sola, virgen, con sus 28 días odiando a veces a Julio y con sus 29 días, imaginándose a veces dueña de Octubre.

Y yo, Noviembre, la de los días tristes, grises y fríos, la que conoce de todos estos amores, no me queda más remedio que esperar a que algún día todos nosotros, los meses del calendario, nos podamos poner también de acuerdo, para vivir y disfrutar el amor, que es al final, lo que salvará y dará sentido a la vida y a los días de todos.

La historia que le contó su abuela sobre la Navidad

En Cuba Mimi creció oyendo las historias que le contaba su abuela sobre como habían sido sus Navidades antes de que triunfara la revolución cubana, el primero de enero de 1959.

Eran tres reyes magos que venían en camellos desde muy lejos, cargados de regalos: Gaspar, Melchor y Baltasar.

Los niños llenaban cartitas de peticiones que colocaban dentro de un zapato y que luego escondían debajo de sus camas. La mañana del 25 de diciembre era recibida con gritos de emoción, pues veían cumplidos sus deseos, teniendo en sus manos todo cuanto habían pedido.

Pero claro, no todos los niños corrían la misma suerte ese día. Había algunos (como su abuela) que nunca recibían nada, según sus padres, porque se portaban mal, y los reyes magos (que todo lo sabían), no los premiaban.

Cada año ella se esforzaba más. Cumplía con todas las tareas del colegio y del hogar. No interrumpía a las personas mayores cuando hablaban, practicaba normas de educación formal diciendo: "permiso", "gracias", "por favor". Se iba a dormir temprano, obedecía a sus padres, no peleaba con sus hermanos y evitaba decir malas palabras.

Llegó una, y otra vez y otra vez la Navidad, pero nunca al despertar encontraba regalitos debajo de su cama. Esa época cuenta la abuela que se había convertido para ella en la más triste del año.

Un 24 de diciembre su abuela le pidió a una amiga, a la que siempre le traían juguetes (aunque se portara mal durante el año), quedarse en su casa.

Tenía un plan: esperaría despierta toda la noche y los enfrentaría, les pediría explicaciones, se quejaría con ellos de su suerte. Estaba decidida a reclamarles. Eran las tres y media de la madrugada y el sueño peleaba por rendirla, pero ella estaba enojada; segura de que esta era su oportunidad para hablarles cara a cara. Mientras preparaba su discurso, escuchó pasos que se dirigían a la habitación. Se sintió nerviosa y su corazoncito asustado, de nueve años, latió apresurado, esperando conocer al fin a los famosos REYES MAGOS.

La luz se encendió y cuando casi grita, "Ajá, así que son ustedes los que nunca me han traído nada, ¿eh?", vio que era la mamá de Elisa, quien con una sonrisa repletaba la cama de juguetes.

A su abuela se le llenaron sus ojitos de lágrimas, simuló estar dormida y comprendió todo.

Ella era pobre, tenía ocho hermanos y sus padres no podían comprarle regalos. Los padres de Elisa trabajaban para el gobierno y ganaban muchísimo dinero.

No era real la historia de Gaspar, Melchor y Baltasar, y ella lloró sin consuelo.

Al día siguiente Elisa le regaló una de sus muñecas y ella regresó a casa sin haber contado lo que había descubierto.

Al siguiente año no dejó ninguna carta debajo de su cama, y cuando su madre asombrada le preguntó el por qué, ella respondió feliz: "Porque ya me hicieron el mejor regalo del mundo". "¿Cuál...?", preguntó su madre aún más asombrada todavía. "¡Ustedes, mi familia! Y mi única petición es tenerlos a mi lado cada Navidad".

Su abuela fue feliz, disfrutó lindas navidades junto a sus padres por muchos años.

Ellos ya murieron, pero poco después apareció Mimi y le llenó de sentido sus días, aunque esta última también vivió sus navidades en Cuba sin regalos y sabiendo que los Reyes Magos, por los menos allá, no existían...

Pero al llegar a este país se contagió profundamente con la magia y el espíritu navideño que aquí se vive y que tanto se celebra.

¡Ahora cree en Santa Claus y este año le escribió su carta! No le pedió nada especial para ella, pero sí para todos esos niños que esperan cada año regalos, así como lo hacía su abuela.

Luchemos para que nunca se pierda el encanto de la Navidad y para que los niños nunca dejen de soñar. Y para que (por muy duro que sean los tiempos), tengamos siempre regalos para dar.

El abuelo que la crió

Ocurrió una vez en un pueblito llamado Pino Solo. Una mujer recién divorciada con dos niñas pequeñas, lloraba desconsolada porque había perdido su trabajo, su casa y el amor de su esposo. Así comenzó esta historia mientras caminaban sin dirección determinada, con una de sus hijas en brazos y sosteniendo la otra pequeña pegada a su mano. Alguien apareció en el camino, como ángel enviado por Dios y preguntó: "¿Necesitan algo?"

¿Necesitan? ¡Esa era la palabra clave! ¡Necesitaban todo! Un techo, un plato de comida, dinero, protección, amor, consuelo, tiempo, sobre todo eso, tiempo. Tiempo para que sanaran las heridas y la vida las llenara de buenas y mejores experiencias.

María se casó con aquel que parecía ser buen hombre, Efraín. Diez años menor que ella, buen mozo, y con una fortuna verdadera, heredada de sus padres.

Él le construyó una casa hermosa donde crió a sus dos hijas. Luego, llegó la tercera, a quien llamaron Tania.

Todas las hijas tuvieron hijos y llegaron a tener ellos en total, cinco sanos y hermosos nietos, a quienes también este hombre alimentó, amó, protegió, y cuidó como si fueran de él. A quienes siempre les ofreció lo mejor de sí.

Un día María deseó buscar vida en nuevos horizontes. Deseó un futuro lleno de promesas y de puertas abiertas al progreso para sus hijas y nietos. Comenzó a soñar con visitar New York y Miami. Deseaba probar suerte en los casinos de Las Vegas y deseaba hacerse muchas fotos en los estudios de Hollywood.

También esta vez su buen hombre estuvo ahí. Apoyó sus sueños, y siguiéndola, dejó atrás el fruto de muchos años de esfuerzo. Su casa hermosa, sus tierras, su ganado, la herencia de sus padres, su familia, sus amigos, su idioma, su adorado Pino Solo, y lo más difícil de todo: su amada hija Tania y su nieta más legítima, Betania.

Hace años viven ya en tierras de libertad. Cuando la nostalgia revela su presencia y su pensamiento se pierde en los atardeceres inmensos y lindos de una ciudad llamada Fort Myers, todavía le queda aliento y seguridad necesaria para decir y repetir: "Por estar al lado de esta gran mujer y de mis hijas y mis nietos (adoptados) que tanto amo, todo ha valido la pena".

Siempre que se va acercando el Día de los Padres, el corazón de Mimi no puede dejar de recordarlo. ¡Cuánto amor, cuánta entrega, qué valiente y extraordinario!

Creo que pocos hombres se deciden a hacerse responsables de una mujer en una situación similar: una mujer pobre, diez años mayor, con dos hijas.

Cuando piensa en él, olvida a los abuelos de sangre y recuerda solo a los abuelos verdaderos, a los que siempre están ahí.

Mimi se encargará de contarle a sus hijos y a sus nietos sobre este gran hombre que se detuvo un día en el camino ante una mujer con dos hijas a quienes les preguntó: ¿Necesitan algo?

La historia de la tía Lulú

La tía Lulú no quería tener hijos. Vivía quejándose de la situación económica, de la crisis mundial, de los bajos salarios.

Aseguraba que ella no podía, a veces, ni con su propia vida, así que ¿cómo traer otra criatura a este mundo para que sufriera, llorara, trabajara y se sacrificara tanto para nada, para al final morir? ¿Por qué tenía que darle vida a otro ser para que padeciera las mismas fatigas, pesadumbres, o aflicciones que sobrellevaba ella?

Según ella, la vida era dura, difícil, vacía, cruel, injusta, sin sentido, insoportable. ¿Por qué compartiría una vida así con un hijo, si se supone que es la persona a la que más tú amas y para quien deseas lo mejor? Decía a veces que si su madre le hubiera preguntado antes de que ella naciera si deseaba nacer, su respuesta hubiera sido: ¿Para qué?

Su tía Lulú le escuchó decir a su madre muchas veces: Te traje a este mundo para que llenaras mi vida, para que me dieras alegría, para que me dijeras mamá, para yo poder trascender en ti, para que seas mi orgullo viéndote convertida en una gran profesional, para que me cuides cuando yo sea viejita. Lulú pensaba que las madres eran egoístas al pensar así, quizás un egoísmo inconsciente, pero esa teoría respaldaba su idea de que nunca se convertiría en mamá.

Ella no se alegraba tampoco con los embarazos de otras y le molestaba escuchar sobre el inminente proceso: largos meses observando tu vientre crecer, malestares, náuseas, mareos; levantarse por las noches cada dos horas a orinar, o lo que es igual, no poder terminar de cerrar bien los ojos en toda la noche; no saber que posición vas adoptar porque la incomodidad de la barriga es real e inevitable. Desajustes hormonales acompañados de llantos, ansiedad extrema, alegrías, euforias, irritabilidad, insomnio, fatigas, falta de aire. Sería como una enfermedad que duraría un prolongado período de tiempo. ¡Ay no, qué horror! Repetía la tía Lulú. Demasiados cambios físicos y emocionales para los que ella no estaba, ni estaría nunca preparada.

Jamás aceptaría el embarazo como una etapa bella de la vida; aseguraba que a quien se le ocurrió decir eso, nunca había estado embarazada y que si las demás seguían repitiendo semejante desvarío era para no parecer distintas al resto, por no quedar mal vistas delante de las otras que aseguran que ser madre era una de las experiencias más bellas de este mundo.

La tía Lulú miraba siempre a las embarazadas con mucha compasión, como si fueran dementes, o unas completas masoquistas. ¡Nunca lograría entenderlas!

Si los hijos eran prestados, entonces, ¿por qué sufrir tanto por algo que nunca sería tuyo? El dolor de darles vida, la difícil y agobiante tarea diaria de educarlos, darles de comer, bañarlos, dormirlos, vestirlos. ¿Tantas noches de desvelos para luego verlos irse de casa? Y creer que somos afortunados cuando nos visitan solo en Navidad o cumpleaños. Y preferirán a su pareja antes que a ti. Y siempre serías una mala suegra, pero la abuela perfecta que cuidaría nietos para que ellos se fueran a divertir.

Es ley de la vida que los padres mueran primero que los hijos, pero hay hijos que mueren antes que los padres y este era otro dolor que Lulú pensaba evitar librándose del oficio de ser madre. Por donde quiera que lo mirara o analizara, ser madre era un sacrificio vano, que los hijos nunca agradecían realmente.

Así fue como su tía Lulú se alejó de su madre cuando Mimi nació. Se fue de la casa. Nadie supo donde estaba hasta que al año, la madre de Mimi recibió una carta de ella que decía:

"Hola, soy Lulú. No sé por qué ni para qué, pero todavía vivo. Me casé con un guajiro de Piloto.

Espero que la niña ya no se orine en la cama y duerma toda la noche sin llorar. Los extraño algunas veces, pero no quiero que me visiten hasta que la niña sepa hablar y pueda decirme si le duele algo. No soporto los monosílabos de los niños, tampoco me gusta estar perdiendo mi tiempo adivinando qué es lo que quieren o lo que les sucede. Me molesta que me pregunten el por qué de todo; que no me dejen dormir los mediodías y me pidan que los lleve a jugar al parque con ese sol inaguantable que me pone la cara roja y me quema la espalda.

Perdona mi sinceridad. Espero que todos estén bien.

Los veré algún día".

Mimi tiene muy pocos recuerdos de su tía. Alcanzó a verla sólo tres veces en su vida: cuando cumplió 15 años, cuando murió el tío Chano y cuando fue a despedirlos al aeropuerto porque se iban del país. Diez años después la madre de Mimi recibió una carta de Cuba que decía lo siguiente:

"Hola, soy Lulú.

Quería invitarlos al bautizo de mi hija. Tiene un año. Es una niña preciosa que, para mi sorpresa, no me hace sentir frustrada.

La llamé Estrella porque cuando vi sus ojitos mirándome, su sonrisa y su inocencia, iluminó mi vida.

La vida es un regalo y quise compartirla con ella. Vivir es una experiencia única, un camino que ella disfrutará mucho recorrer. Deseo que agradezca el regalo de vivir y que sea feliz. Estaba equivocada, lo reconozco. ¡Tener una hija ha valido mucho la pena!

Quiero pedirle perdón a mi sobrina por todo el tiempo que perdí lejos de ella. Quiero pedirle que, por favor, me envíe una copia del libro que logró publicar. Quiero leerle sus poemas a Estrella".

El *novio que tenía* VIH

Lo conoció en una fiesta de quince años. Fue con María del Carmen, quien tenía casi treinta pero se sentía como de dieciocho, quien no perdía oportunidad para presentarse en cuanta celebración, espectáculo, festejo o baile podía. Mimi tenía 16. La fiesta sería un sábado en un reparto de Pinar del Río en Cuba llamado El Calero. Debían llegar como a las siete, pero ellas llegaron pasadas las nueve. Subieron hasta un apartamento en el quinto piso. María subía de prisa, segura y sonriente; Mimi subía con dificultad, aquellos zapatos de charol negro con tacones altos, a los que no estaba acostumbrada, la estaban matando.

Ya todos estaban cuando llegaron ellas, que fueron las últimas en aparecer.

En cuanto entraron cerraron las puertas. Sólo faltaban ustedes, ¡qué bueno que llegaron!, ¡ya estamos completos!, gritó una voz de mujer desde la cocina.

No pasaban de treinta personas. Era un apartamento pequeño, sin muebles en la sala para dejar espacio para bailar. La luz era irrisoria y todos parecían estar en pareja. La música suave todo el tiempo incitaba a los presentes a pegar sus cuerpos.

Nunca vieron a la quinceañera por ninguna parte y aquello, más que una celebración, parecía un culto al amor, al romance, a la aventura, al coqueteo.

Aquel idilio le dio miedo, se arrinconó a una pared y bajó la cabeza. Tenía los pies adoloridos con ampollas, y lo peor, había perdido de vista a María del Carmen.

Entonces él apareció, se acercó y la miró fijamente. Levantó tímidamente la mirada pero él siempre estuvo ahí, mirándola, como si ella fuera esa pared a la que te obligaban a mirar durante un día de castigo. ¡Qué lindo era! Alto, trigueño, con unos labios como si se los hubieran pintado con mucho afán. Parecía escapado de una revista donde solo exhiben chicos hermosos, con pechos descubiertos, labios rojos entreabiertos y miradas penetrantes.

"Tengo hambre", se le ocurrió decir para romper esa inercia o letargo en el que estaba sumida. "¿Dónde puedo encontrar algo de comer?", preguntó sin mirarle a los ojos. "Ven conmigo, estás en mi casa, mi hermana es la de los quince". "¿Y dónde está ella?", preguntó entre curiosa e incrédula. "Salió hace un rato con su novio". "¿Su novio?", preguntó como si hubiera oído un desvarío. "Sí, su novio. ¿Y tú, no tienes novio?", preguntó afectuoso. "¡No! Sólo tengo dieciséis".

Comió mucho mientras él permanecía allí esperándola todo el tiempo. "¿Quieres salir a conversar un rato a las escaleras?", preguntó tímidamente. "No, hay frío afuera, mejor nos quedamos aquí a la vista de todos", respondió tajante. "¿Me tienes miedo?

No te voy a hacer nada, si quieres te busco un abrigo o te regalo muchos abrazos". La idea de los abrazos le encantó y cambió de respuesta. Bueno, está bien, pero sólo por un momento. Permanecieron allí hasta las dos de la madrugada. Mimi no puede contar todos los besos que se dedicaron. Sus abrazos la hicieron sentir en otro planeta.

Se miraron y se acariciaron tanto que vivió toda una semana con aquella imagen aglutinada en sus ojos, y con aquel olor de su piel adueñándose de sus sueños.

Unos días después alguien le avisó que un chico la buscaba en la puerta de la escuela. Era él. Se abrazaron como si nunca hubieran dejado de verse, como si se hubieran conocido de siempre. Confiada se subió en su bicicleta para ir a tomar helados y luego él la acompañó hasta su casa. Estuvieron saliendo por un mes. Cada día con él era como vivir un siglo, era intenso, apasionado, la sorprendía siempre con detalles, llamadas y visitas en las horas más insospechadas.

Pero una tarde un enfermero visitó su casa. Todos estaban serios y con caras de preocupación. Su madre, exasperada, no paraba de llorar. "Dinos la verdad", le gritó nerviosa. "¿Has tenido relaciones sexuales con ese chico? No mientas y cuéntamelo todo ahora". Ella no entendía nada. "Idanki me ha respetado. Tenemos una linda relación romántica. En nuestras tardes libres le leo mis poemas mientras él toca la guitarra. Nunca me lo ha propuesto; aunque a mí ganas no me han faltado". "Pues se terminó esa relación linda y romántica, se acabaron esas tardes de poemas y guitarras, y espero se te quiten los deseos de acostarte con un desconocido que tiene VIH", le gritó su madre, histérica.

"¿VIH?", preguntó espantada. "Sí, ese chico tiene SIDA. Lo hemos estado siguiendo y decidimos venir a advertirle. Debería ir a examinarse al hospital más cercano. Si decides terminar con él, por favor, no le recuerdes su situación, y no le cuentes que un profesional de la salud vino a advertirles, sería muy doloroso, se sentirá marginado y no sabemos cuál podría ser su reacción".

Esa noche Idanki llegó a visitarla temprano, vestía de manera impecable, olía delicioso, le traía una rosa y al verla se le iluminó el rostro con una sonrisa que Mimi nunca olvidaría. Por unos instantes olvidó el SIDA, el miedo, el enfermero, y hasta olvidó a su madre, quien seguramente la espiaba por la ventana, como para asegurarse de que verdaderamente ella finalizaría su vínculo.

Lo abrazó fuerte, más por amor que por solidaridad o compasión. Lo besó ardiente, desenfrenada, impetuosa. Lo besó con los ojos abiertos como para no perder ni el más mínimo detalle. Él la besaba con ojos cerrados, enamorado, ajeno.

Luego del beso le dijo con firmeza, y sin mirarlo a los ojos, que el noviazgo desconcentraba la atención de sus estudios, que deseaba tener tiempo para hacer sus tareas y otras cosas que no fueran sólo pensar en él. "No vuelvas a buscarme, ni a ir a la escuela, no me esperes en el parque, ni vengas a mi casa, no me llames por teléfono. No quiero volver a verte".

Nunca ha vuelto a ver llorar tanto a un hombre. Lloró (sin exagerar) por una hora con sollozos de un niño. Lo dejó llorar a solas y le cerró la puerta en la cara sin más explicaciones.

No volvió a verlo hasta tres años después en los carnavales de Pinar del Río. Se le acercó feliz y con espontaneidad le dijo: "¡Mimi, qué linda estás!"

Sintió pánico. No quería que se le acercara. Según sus "cálculos" debían quedarle pocos meses de vida. Pensó que le habían dado unos días libres en Los Cocos*, para que disfrutara de los carnavales. "Idanki ¿estás bien?", preguntó sin sonreír. Estoy bien y mejor ahora que te veo a ti. Salí con mi hermana y su novio. Ellos siguen juntos y así hubiéramos podido estar nosotros si no me hubieras dejado aquella noche... ¡sabes, yo te amaba!" "Necesito contarte algo", lo interrumpió, como si estuviera a punto de morir".

Se alejaron de la música, de las carrozas que desfilaban por las calles, del tumulto que les pisaba los pies, y se sentaron donde lo habían hecho siempre.

"Un enfermero fue a mi casa", comenzó diciéndole. "Nos dijo que tenías VIH. Dime la verdad, ¿estás enfermo, cómo es tu vida ahora, estás internado?"

"No puedo creer que ese hombre te haya engañado a ti también", le respondió él, encolerizado. "Ese enfermero es el hermano de una ex novia de la que nunca me enamoré y ambos idearon ese macabro plan para vengarse. He intentado salir con otras dos chicas, a las que ellos les han hecho la misma historia y terminaron conmigo, igual que tú, sin explicaciones".

Mimi nunca más lo ha vuelto a ver, pero esa noche le creyó en el acto, se miraron a los ojos, se abrazaron por horas e hicieron el amor.

Los Cocos fue uno de los 17 sanatorios creados a finales de la década de los 80 hasta 1993 por el Ministerio de Salud Pública de Cuba, para aislar a los diagnosticados con el virus VIH, causante del sida, del resto de la población.

El 1 de diciembre se celebra el Día Internacional del Sida, una pandemia que ha matado a 30 millones de personas. Estados Unidos muestra un incremento de nuevas infecciones entre jóvenes, negros y hombres homosexuales de casi 50% en tres años.

El chico de su primera vez

I

Cruzaron a escondidas la cerca de la facultad. Caminaron en silencio. Él iba delante. Ella iba detrás. Entraron a un cuarto de alquiler. Era la primera vez que estaba a solas en una habitación con un chico.

_ ¿Te bañas tú primero o me baño yo?, le dijo él.

¿Bañarse? ¿Para qué? Si ya se había bañado en la tarde... Pero entró en el baño sin decir lo que había pensado. Se miró desnuda en el espejo. Tenía casi 21 años. Era probablemente la única chica virgen de su facultad, de su provincia, de su municipio, de su pueblo... y quizás hasta de su país. Ya había oído cientos de veces las historias de sus amigas. La mayoría lo habían hecho presionadas casi siempre por sus novios de entonces o por los anteriores... Ella no había tenido novio y las posibilidades de conseguir uno, cada día las veía más imposibles. No tenía que preguntarse por qué. Lo sabía. ¡Sufría por eso!

Era en ese entonces casi una enana, con aparatos en los dientes, muy flaca, sin senos, sin piernas, sin glúteos llamativos. ¿Quién iba a aparecer con propuestas reales? ¿Quién se iba a interesar verdaderamente? ¿Chachi, el loco de su pueblo?. El que se paseaba desnudo por las calles delante de todos con su miembro erecto y vociferando: Ven, voy a amarte y que prendan, prendan el mechón y que prendan, prendan el mechón. Cuando Chachi la veía a ella, bajaba la cabeza avergonzada, se tapaba con las manos sus partes privadas, miraba hacia otra dirección y cruzaba de senda en silencio.

Esa noche cuando ella lo vio, le dijo a su amiga:

_ ¡Dile que quiero quedarme esta noche con él!

Su amiga fue y se lo susurró al oído. Él no estudiaba allí, sólo se estaba quedando por unos días en el cuarto de unos amigos, conversaba con ellos en voz alta, vestía uniforme de camuflaje y era el chico más lindo que había visto en toda su vida.

Ella no estaba muy lejos; así que pudo leerle los labios cuando él dijo:

_ ¿Está loca? Está feísima esa flaca, ¡no me gusta! La noche es joven y tiene mejores propuestas Si al final de la noche no cuadro nada, entonces le hago el favor.

La noche transcurrió entre canciones de Marco Antonio Solís y miradas. Ella lo miró toda la noche a él y él miró a todas menos a ella. Al finalizar la noche, él se le acercó y le dijo:

_ ¡Recoge tus cosas que nos vamos!

Al fin conocía su voz.

_ Está bien, ahora regreso.

_ Ven acá, ¡dame un beso!

Ella cerró los ojos y se acercó con suavidad. Él la besó de prisa, con los labios secos, sin ganas.

Subió indecisa. Puso en una mochila ropa interior, un cepillo de dientes, un pijama para dormir y los únicos 60 pesos que tenía para pasar el resto de la semana. Bajó las escaleras pensando que estaba a punto de cometer la más loca y atrevida aventura de su vida, y se sintió feliz por eso. Ahora estaba allí, debajo de una ducha por su propia voluntad. El agua estaba caliente, pero ella la sentía helada. Tenía miedo, las piernas le temblaban.

Salió envuelta en una toalla. Lo vio tirado en el suelo, haciendo ejercicios. Observó su cuerpo (¡era perfecto!), y entonces se sintió menos culpable por estar allí. Cuando él salió del baño, ella aún estaba sentada en la cama con la toalla mojada cubriendo su cuerpo.

Él se sentó en la cama junto a ella y le dijo:

_ Yo me llamo Miguel García Moreno y soy de San Cristóbal, ¿y tú?

_ Yo me llamo Mimi y soy de Pino Solo.

_ De dónde?

_De Pino Solo.

_ No sé donde queda eso, pero está bien, olvídalo. ¿Tienes preservativos?

_ ¡No!

_ ¡Menos mal que yo traje! Y... ¿con cuántos hombres has estado?

_ ¿Yo?_ preguntó alarmada.

_ Sí, ¿con cuántos?

_ Con nadie, esta es mi primera vez.

_ ¿No me vas a decir que tú eres virgen? ¿Cómo vas a estar conmigo, muñequita linda? Si tú ni me conoces, tú no sabes de donde yo salí, ni si tengo una enfermedad. Yo no merezco tu virginidad, es un regalo demasiado lindo.

¿O su suerte era muy mala o era él el único hombre que no trataba de aprovecharse de una chica desnuda? ¿Alguien que no pedía pruebas de amor, ni pretendía engañarla con dulces palabras de amor?

_ ¡Quiero que seas tú, yo te elegí a ti! _ dijo, con firmeza.

Él tocó su pelo, dijo algunas palabras y comenzó a besarla, esta vez, de un modo distinto. Eran besos húmedos, la abrazaba con ternura, y la miraba como si no se fuera a ir ya nunca más de su vida.

Mimi no olvidará nunca aquel sonido que provocaba la penetración, una penetración que iba como si rompiera capas, trac, trac, trac. Fueron tres, cuatro. Dolía muchísimo, ardía molestaba descomunalmente. Era algo muy extraño que la molestaba ahí adentro. Algo que intentaba ofrecer un placer que ella no sentía en lo más mínimo; o que se negaba a sentir en aquel momento. Si aquello era hacer el amor, entonces, la engañaron, inventándole y describiéndole tanta maravilla. Aquel dolor era insoportable y aquel frío se le colaba hasta adentro y le paralizaba los órganos. Mirar su cara la distraía un poco. ¡Era tan hermoso!

Él se quedó dormido abrazándola, ella se quedó toda la noche contemplándolo, sintiéndose mujer.

Al día siguiente él preguntó:

_ Entonces, ¿somos novios? ¿Quieres que vaya a tu casa?

_ ¡No! Esto fue una vez y nunca más_ respondió ella.

Salieron de regreso a la facultad.

- Me tengo que ir para San Cristóbal, ¿me acompañas hasta la estación de ómnibus?

_ Sí, claro, yo voy contigo.

Fueron tomados de las manos. No importaba ya si lo volvería o no a ver. Su primera vez había sido para ella hermosa, rara, quizás distinta al resto de las historias de sus amigas; pero fue a su manera, con el chico que ella eligió y de la forma que siempre soñó, en una cama y entre besos románticos e intensos como los que había visto en las películas.

Mimi sabía que moriría recordando ese rostro y que cargaría con aquella noche por el resto de su vida ya, para siempre, amarrada a sus memorias.

El chico de su primera vez

II

La habían invitado esa noche a una pequeña reunión. Fue sola, a pesar de que le advirtieron que debía llegar con alguna amiga. Marlon la recibió en la puerta con un abrazo y le presentó a sus padres diciendo:

— Te presento a los viejos más buenos y lindos que ha dado San Cristóbal.

— ¡Oh! ¿Son de San Cristóbal?_ preguntó Mimi en voz alta con más excitación que dudas.

— Sí, somos orgullosamente de San Cristóbal.

Y otra vez resonaba en sus oídos el nombre del pueblo de Pinar del Río, ese nombre que la llenaba de escalofríos y recuerdos.

— ¿Y tú, también naciste allá?_ preguntó la mamá de su amigo casi segura que la emoción que expresaban sus ojos debía estar justificada o relacionada con el hecho de que fueran paisanas.

— No, yo no soy de su pueblo, pero tuve el placer de conocerlo hace años y es bonito y me gustó mucho_ dijo mientras recordaba que después de aquella primera noche en la que eligió regalarle a él su virginidad.

Después de aquella primera vez, ya para siempre amarrada a sus memorias, ella lo había acompañado a la terminal de ómnibus la mañana siguiente. Caminó muy despacio de regreso a la universidad, como si no quisiera llegar nunca, como si estuviera pensando regresar y huir con él, seguirlo hasta su muerte, no dejarlo escapar así, sin ningún compromiso, sin ninguna esperanza.

Se sentía estúpida al haberse negado cuando él preguntó si quería ser su novia. En el fondo, sí lo deseaba con todas sus fuerzas, pero tenía miedo enamorarse, tenía miedo que se estuviera burlando de ella. De pronto, sintió unas manos que la aprisionaban, que no la dejaban avanzar, la abrazaban con fuerza, no llegó a sentir miedo, ni a gritar, ni le hizo falta voltear para reconocer que era su olor. Era él hablándole al oído: "¡No me pude ir! Quiero pasarme todo este día contigo".

Fueron horas distintas, se besaron, rieron juntos, caminaron tomados de las manos. Él pidió volverla a ver, ella volvió a negar cualquier posibilidad de creerlo suyo, de poder sentirse feliz, dependiente. Verlo solo una vez en su vida, o dos veces, ayudaría a olvidarlo fácil y rápidamente. Quizás, también quería asegurase de que él la recordara como "la chica indiferente a su belleza", rara, loca, distinta, y hasta fría y desinteresada.

Miguel regresó a la semana siguiente. Ella sintió un espasmo en sus piernas cuando lo vio, pero lo disimuló. Se abrazaron, salieron a caminar juntos, hablaron de muchas cosas.

Se volvieron a encontrar en dos ocasiones más; pero ella siempre se negaba a quedarse con él, como mismo lo había hecho aquella primera vez.

Tres años después, no lo había vuelto a ver. Y unas semanas antes de que ella abandonara el país, recuerda como se subió a un bus con unos cirqueros que llegaron a Pinar del Río. Se hizo amiga de ellos repentinamente, y luego les pidió acompañarlos en su último recorrido que tenían como destino, justamente, ese, el municipio San Cristóbal. Ellos aceptaron halagados.

A ella no le interesaba la función que pudieran ellos allí ofrecer. Lo único que pretendía era encontrarse otra vez con él. Caminó de un extremo a otro por toda la carpa saturada de personas atentas al espectáculo. Sus ojos pasaron de rostro en rostro, se le gastaron buscándolo. Le preguntó a medio pueblo, pero no hubo ni uno solo que procurara darle alguna información.

Pasaron todos a la terraza y se acomodaron en unas sillas blancas plásticas.

Había más de doce personas reunidas en aquella casa, observó reflexiva. ¿Serían todas de San Cristóbal? ¿Les preguntaría a todos por él?

Habían pasado ya diez años. Cada año lo había buscado con más desesperación. No se había perdido ni una sola fiesta en Miami de los municipios, y aunque ella era de Pino Solo, un pueblito que pertenecía al municipio de San Luís, no faltaba nunca a las reuniones del municipio que le robaba todos sus sueños, preguntándoles a todos si sabían de alguien que se llamara así. Nadie parecía interesado en ayudarla, nadie parecía saber. Había regresado en tres ocasiones a Cuba, lo había buscado en ese pueblo al que dijo que pertenecía. ¡Fueron todas búsquedas sin éxitos! También lo buscó en todas las redes sociales sin resultados.

¿Se habría enamorado de un chico del que no sabía exactamente nada? Ya estaba harta de buscarlo, harta de pensar en él, de recordarlo. En ocasiones dudaba que fuera aquel nombre real. Ya no creía que fuera de aquel supuesto pueblo del que le habló tantas veces, al San Cristóbal que ella se había atrevido a ir a buscarlo ilusionada con los cirqueros y al que había ido tres veces estando de vacaciones en Cuba.

Ya no quería estar en aquella fiesta rodeada de personas que se lo recordaban a cada instante. Se levantó de la silla y estaba abriendo la puerta para irse, sin ánimos de despedirse, cuando vio a un señor de mediana edad sentado en un sofá.

Le parecía serio en extremo, o muy triste. Dudó en romper su silencio pero no pudo evitarlo.

— ¿Usted es de San Cristóbal?

— Sí - respondió casi sin mirarla.

— ¿Se siente bien? - preguntó ella.

— ¡No! Extraño mucho a mi hijo.

— Pues ya tampoco me siento bien, por eso me voy. Llevo años buscando a un muchacho de San Cristóbal y no lo encuentro.

— ¿Y cómo se llama el chico que buscas? _ preguntó interesado pero sin levantar la vista. Mimi llegó a pensar por un momento que era ciego.

— Miguel, se llama Miguel García Moreno.

— Ese es mi hijo -dijo el hombre levantando la cabeza. La miró sonriente y continuó-: Mi hijo está en Cuba haciendo los trámites para emigrar a este país.

Entonces las dudas la tomaron por asalto. Nadie encuentra a alguien así de fácil, ni la vida es una telenovela. ¿Estaría loco el viejo? ¿Un mentiroso divertido? ¿Borracho?.

—A ver, descríbeme a Miguel -pidió, dudando, pero con muchos deseos en el fondo de que estuviera diciendo la verdad.

— No tengo que describírtelo. Puedo mostrarte su foto, la tengo en la billetera.

— ¡Oh My God! ¡Es él! -gritó con tanta fuerza que sus amigos pararon la música, salieron de la piscina, y no la dejaron ir hasta que ella no contó quién había sido Miguel en su vida.

Mantuvo el contacto con el papá de Miguel.

Dos años más tarde, Miguel y Mimi se reencuentran.

El chico de su primera vez

III

Llegó temprano en la mañana a la oficina de correos más cercana a su casa. Se bajó del auto deprisa, como si presintiera que podía arrepentirse en cualquier momento.

Eran apenas las nueve, pero ella caminó apresuradamente, como si faltaran dos minutos para que cerraran las puertas.

— Hola. ¡Buen día! –dijo, agradeciendo que por primera vez no tuviera la necesidad de esperar en una larga fila.

— Ha madrugado usted hoy. Clientes así me ayudan a despabilarme. Mi día transcurre rápido y yo me siento más útil.

— ¿Qué tiempo tardará esta carta en llegar? –preguntó, mientras se aseguraba que estuviera bien cerrada.

— Veo que el destinatario es Cuba; pues, una semana mínimo -respondió la dominicana mientras ponía el sobre encima de una pesa.

Si he esperado diez años, puedo esperar unas semanas más, pensó.

La mujer pegó los sellos y con su dedo índice señaló el precio en la pantalla de una computadora.

— ¿Te gustan las frases de amor?- le preguntó sonriente.

— ¿Por qué me pregunta? -dijo mientras hurgaba en la cartera buscando su billetera.

— Porque esta parece ser una carta de amor. Cuando yo era joven como tú, siguió contando la señora, mi mamá me dijo dos frases que jamás olvidé. La primera fue: El amor es siempre tímido ante la belleza, la belleza, al contrario, anda siempre detrás del amor. Y la otra fue: Durante la juventud creemos amar, pero solo cuando hemos envejecido en compañía de otro, conocemos la fuerza del amor.

— ¿Me devuelve mi carta, por favor? Quisiera agregarle algunas líneas. Las escribiré afuera, si no le molesta. Ahora regreso.

Sacaría pasaje para el día siguiente e iría directo a su casa a decirle todo lo que nunca fue capaz de decirle. Llegaría primero que la carta. Él valoraría más la sorpresa de su presencia que una correspondencia repleta de renglones que quizás, al final, nunca terminarían convenciéndolo, porque la esencia de la verdad sólo la sabe y la siente quien la redacta.

Tenía más de 6 meses de embarazo el día que Miguel llegó a Miami. La llamó enseguida, pero ella no respondió. Había tenido un accidente en el cual casi pierden la vida, su hijo y ella, y estaba en el hospital inconsciente.

Cuando despertó, su madre le alcanzó su celular y le dijo: "Tienes un mensaje de voz que deberías escuchar".

— Hola, mi niña, soy Miguel. ¡Acabo de llegar y tengo muchos deseos de verte!

Mimi miró al cielo y dijo: "¡Gracias! ¡Estoy feliz! No hubiera sido justo morirme sin antes verlo".

Lo esperó nerviosa. Las piernas le temblaban tanto, o igual, que la primera vez.

Se abrazaron tímidamente cuando estuvieron uno frente al otro.

— Estás igual de linda -dijo él mirándola a los ojos.

Ella quiso encontrar a su chico de la primera vez, pero algo había desaparecido o cambiado. No pudo sentir lo mismo. Y no dijo nada, pero se entristeció.

Esa noche se acostaron en la misma cama, uno al lado del otro. Se besaron como si fueran personas de mediana edad aferrándose a la idea de querer sentir los delirios y desenfrenos de una juventud que ya no existe. No hicieron el amor, pero estrecharon sus cuerpos con ternura.

— El día que me aparecí en Cuba con la esperanza de buscarte —comenzó contándole ella — llamé a tu casa y me respondió tu mamá, me dijo que no se me ocurriera llegar por allí, que tú tenías novia, que era una chica linda y decente y no una loca como yo, que se había acostado contigo el mismo día que te conoció. "Él está enamorado de ella, espero que respetes y te alejes de ese amor, terminó gritándome y colgó".

— Mi madre te mintió. Había conocido a alguien, pero no era nada formal. Luego mi padre me dijo que te había encontrado y...

— Yo regresé de Cuba esta vez decidida a olvidarte.

— Cuando mi papá me contó que te habías casado y estabas embarazada, tambíén me sentí mal. Luego, cuando supe que te abandonaron embarazada, me sentí peor.

Si no te hubieras obsesionado con aquella idea loca, ridícula e incomprensible para mí de que lo nuestro fuera una vez y nunca más, quien sabe si nuestra historia hoy fuera otra y ese niño fuera ahora mi hijo.

— Puede que tengas razón – dijo, sintiendo un quebranto en su pecho.

Al día siguiente, ella puso en sus manos la carta que nunca envió. Él comenzó a leerla en voz alta:

"Hola, mi chico de la primera vez. Te llamo así porque ya no sé si verdaderamente aquella noche me diste tu nombre correcto. No sé qué tiempo me quede de vida. No estoy enferma pero he oído que para morirse sólo hay que estar viva y temo entonces morirme sin que sepas que he estado entregada por años a nuestro recuerdo.

Sé que mi actitud atizó una separación extraña, incorrecta, abismal, poco disciplinada por la verdad.

Nuestra historia fue inconclusa porque te impuse una distancia helada. No soportaba la idea de convertirme en una enamorada no correspondida. Tú estabas viviendo tu momento. Brillabas en todo tu esplendor. Tenías profundas ansias de vivir, de no querer perderte nunca el mañana.

Querías experimentar, conocer mujeres. El mundo yacía ante tus pies y tu belleza. Te veías inmensamente feliz siendo libre y, ¿quién era yo para cortar tus alas? ¿Quién era yo para hablarte de amor?

Perdóname por no haberte dicho que me moría por ti. Perdóname por no haber luchado nunca por ti. ¡Perdóname!"

Miguel tenía los ojos llenos de lágrimas.

— Mimi, tú has sido la chica mas original, linda, distinta e inteligente que he conocido en toda mi vida. Yo te quería en serio. Tu recuerdo también pesaba en mis hombros como bolsa de arena. Cada simpleza, cada pedazo de vida que iba viviendo te traía a mí. ¡Yo no sé si tú buscabas belleza, pero yo buscaba amor!

Ambos se miraron convencidos esta vez de que su tiempo había pasado. Y de que el presente los empujaba hacia lo razonable, los alejaba de aquella pasión adolescente que no reaparecería porque el tiempo lima la diferencia entre las cosas y porque ya no eran ellos los de entonces. Él se había enamorado en Cuba. Ella sería una madre soltera.

Se abrazaron, lloraron juntos, prometieron quererse y recordarse hasta

que fueran viejitos. Y se despidieron
como si la vida ya no les debiera nada.

El reencuentro con su madre

Mimi recuerda perfectamente ese atardecer. Fue un 20 de octubre del año 2000. A sus casi veinticuatro años era la segunda vez en su vida que pisaba un aeropuerto. La primera, había sido cuarenta y cinco minutos antes, cuando la había despedido su mejor amigo, Chuchi, el único que pudo y tuvo el valor para despedirla, en el aeropuerto de La Habana, Terminal Dos.

Este aeropuerto, a diferencia del primero, era ahora inmenso, lleno de olores distintos, de gente bien vestida que aparentaban tener dinero y llevar una vida próspera. Parecían conocer de memoria aquel lugar. ¿Quizás por las muchas veces que habían viajado? Ella, en cambio, se sentía perdida.

Se había bajado de aquel avión sin saber exactamente hacia donde debía encaminar los pasos siguientes. Estaba segura que su madre y sus hermanos la estarían esperando en algún lugar de aquel gigantesco recinto, sintiéndose en aquel momento los seres más afortunados del mundo.

Le oyó decir a alguien: "¡Sigan a esa señora!" Y así lo hicieron todos. Ellos eran una cuadrilla de cubanos recién llegados en el mismo vuelo, que caminaban siguiendo a aquella señora.

Se preguntaba qué sentiría cada uno de los que caminaba por aquel aeropuerto. ¿Estarían pensando o fijándose en las mismas cosas que iba pensando o en las que se iba fijando ella? Estaba admirada de ver a casi todas las personas portando teléfonos celulares. Algo que era un lujo en el año 2000 en Cuba y que lo sigue siendo hoy en el 2011, mientras revive sus recuerdos, posibilidad de unos pocos; a menos que tengas un familiar en el extranjero que te lo compre, te lo envíe y luego te ayude a "recargar" la línea cada mes.

Seguía caminando, y seguía a la señora que les servia de guía. No dejaba de escuchar como hablaban algunos en lenguas distintas. Casi nadie hacía contacto visual.

Luego aprendería que poner la vista fija en alguien era de muy mala educación y que aquí las personas no solían hablar con desconocidos. Ellos no estaban adaptados a que le invadieran su espacio.

Viviendo en Cuba había visto caminar por las calles de Pinar del Río a algunos rubios muy altos de ojos azules, vistiendo pantalones cortos y sandalias de cuero marrón. Cargaban mochilas enormes y andaban despeinados y lucían orgullosos caras rojas, quemadas por el inclemente sol. Portaban cámaras fotográficas y tenían siempre las manos ocupadas con alguna pizza cubana o con algún mapa de la ciudad. Se alegraba mucho cuando podía ver personas de otros países. La curiosidad le invadía.

Se les quedaba mirando por horas, sin que ellos lo notasen, porque ellos, como las personas del aeropuerto al que había llegado, casi nunca hacían contacto visual con nadie. Ellos, los llamados turistas, casi siempre blancos, altos, rubios y de ojos azules, ¡se miraban en Cuba tan diferente al resto!, como seguramente la miraron a ella ese día que llegó a Miami.

Habían sido veinte largos años saturados de añoranzas, de ausencias. El abrazo de su madre se había convertido entonces en su sueño más repetido, más deseado. Pensaba en como la recordaría? ¿Serían ellos capaces de identificarla entre tanta gente que caminaba en dirección desesperada hasta la sala de espera? Una sala donde casi todos los familiares que se reencontraban rompían en llantos interminables; llantos cargados de alegrías y de sentimientos encontrados.

Pero ella guardaba la total esperanza de que ellos la pudieran reconocer perfectamente. Al final, ella no había cambiado mucho. Seguía siendo la misma niña delgada, de ojos color del tiempo, pelo lacio castaño oscuro, con la misma sonrisa permanente con la que se había despedido de su madre antes de irse a dormir. Cuando le preguntó a su abuela por su madre la noche siguiente para darle el beso de despedida, esta le contestó: "Tu madre está al llegar".

Y así en esa espera pasaron sus años. La última vez había sido una noche de abril. Ella tenía cinco años. Nunca más la había visto en su vida.

Si su mamá no la reconocía ahora porque ella nunca pudo enviarle una foto porque nunca tuvo una cámara fotográfica y las que hacían en su pueblo a color eran cobradas en dólares—, pediría el favor de usar el celular de alguien y los llamaría al número que le habían escrito en una carta, una carta que el "eficiente" correo de Pinar del Río le había entregado tres meses después de haber sido fechada por su madre. Recuerda la carta media estrujada, mal pegada. Seguro los del correo la abrieron para ver si traía dinero. Al ver que no tenía nada seguramente se enojaron y colocaron de vuelta las cuatro líneas que le había escrito su madre para decirle que estaba muy feliz porque al fin se reunirían; y un número de celular para posible contacto.

Mimi estaba nerviosa pero feliz. Intentaba lucir natural. Le preocupaba su imagen. No quería parecer distinta al resto. Quería ser ya una más de aquellos que caminaban elegantes y felices con pasos firmes por el llamado Primer Mundo.

Su piel estaba bronceada por el sol. No traía casi equipaje como el resto de los viajeros; sólo un pequeño bolso con los documentos exigidos. No tenía celular. Nunca en su vida había tenido uno. Ni siquiera sabía cómo se usaban. No había visto nunca en su vida a tantas personas de países tan distintos, (salvo aquellos rubios en Pinar del Río que eran casi siempre canadienses).

Ahora veía rusos, árabes, chinos. Y se les quedaba viendo a todos, como lo había hecho antes con los extranjeros en las calles de su pueblo. Seguramente ella era ahora distinta al resto, o quizás sólo eran ideas suyas de querer sentirse observada.

Pero distinta fue como la recibió su madre que ahora traía el pelo rubio, se observaba más joven, más bonita, olía delicioso. (A veces cierra sus ojos y puede dormir con ese olor pegado a su nariz).

Sus hermanos lucían muy blancos. Hablaban casi todo el tiempo en inglés, pero de vez en cuando se les escapaba una frase que los delataba como cubanos: "Mijo, ¿seguro vienes picao del hambre?" o "¡Muchacho! Estás más flaco que un fideo".

Ellos no fueron la excepción. También lloraron al fundirse en abrazos y al verse.

Estaban al fin unidos. Tenían la oportunidad ahora de vivir cerca, de poder disfrutar cada Navidad o cumpleaños juntos. Se tenían los unos a los otros para lo que les urgiera o simplemente para sentir que estaban ahí; para mimarse o darse una mano como una familia unida.

Sentados a la mesa compartirían una comida hecha por la bella y cariñosa abuela.

Se reirían de sus historias pasadas. Compartirían chistes y anécdotas, y recuperaría muchos besos de "buenas noches".

Todavía quedan muchos otros niños esperando ansiosos ese momento de poder reunirse con los suyos y fundirse en ese anhelado abrazo en un aeropuerto.

Por eso, *digamos ¡NO!*, a la deportación de padres de familias. *Digamos ¡NO!*, a las leyes que intentan prohibir la reunificación familiar. *Digamos ¡NO!*, a que otro niño deba escuchar: "Tu madre está al llegar".

Se burlan de ella y la comparan con García Márquez

Pocos días después de su llegada llevaron a Mimi a Miami para cumplir con todo el proceso de inmigración que debía efectuar porque los cubanos tienen el derecho de aplicar por su residencia al año y un día de haber entrado a este país; privilegio que no posee el resto de los inmigrantes que entran y derecho que muchos no entienden por qué nosotros sí y ellos no.

Al llegar los reunieron en una sala de recién llegados, casi todos acompañados por sus familiares. Allí una oficial de inmigración explicaba como debían cumplir con los trámites legales, como ingresar a la escuela y aplicar para otras ayudas correspondientes que se nos ofrecen entre otras cosas.

Hubo un momento en el que ella preguntó de los sueños que los recién llegados traían. Mimi estaba sentada junto a su abuela, en la segunda silla, en la primera mesa, y respondió sin timidez:

"¡Yo quiero ser la escritora más leída del mundo!"

Una enorme carcajada fue su respuesta seguida por el comentario: "¿Oyeron eso? Aquí tenemos a García Márquez". La sala, abarrotada de cubanos, estalló en risas.

Ella tenía casi veinticuatro años y tres días antes había tomado un avión, por primera vez en su vida, con destino a donde decían que los sueños sí se hacían realidad.

¿Por qué apagaban así su entusiasmo? ¿Por qué no habían sido capaz de respetar, de apoyar o de creer en las aspiraciones de una chica joven, idealista y determinada?

Como un animalito recién nacido e

incapaz no encontró palabras para defenderse y bajó la cabeza creyendo que había dicho la peor de las idioteces o el más ridículo de los deseos, y se le asomaron unas lágrimas colmadas de dolor y vergüenza que jamás olvidará.

Esa noche al llegar a su casa tuvo un sueño hermoso. Estaba sentada en la oficina de la dirección de alguna de sus escuelas, no recuerda bien si era Patricio Lumumba donde cursó la primaria, el semiinternado Santiago Rodríguez en San Luis, donde cursó su quinto y sexto grado, o en su secundaria Eduardo García Delgado.

Lo cierto es que allí estaban todos sus maestros y profesores reunidos con ella. Mari López le recordó con cuanto amor le había enseñado a escribir sus primeras letras. Margarita le leía con conmoción los primeros párrafos que en su clase había logrado escribir. Sofía le recordaba sus esfuerzos para lograr la mejor y primera composición escrita cursando su quinto grado. Su profesor Frank, de matemáticas, le mostraba con amor poemas que le había regalado un día, un poco enmohecidos ya, poco visibles en hojas amarillentas. Francisca, su maestra predilecta, la consentía, la abrazaba, consolaba su llanto, la llenaba de besos, de confesiones de su vida íntima. Tenía sus manos llenas de buenos libros y todos eran para ella. Diamela era la más exigente. Estaba delante de ella muy seria, y le gritaba enojada: "Tienes que lograrlo, no te enseñé buena literatura por gusto, recuerda: título sugerente. Introducción que sea gancho. Desarrollo que motive, que convenza, que estimule a seguir leyendo, a no abandonar el libro nunca a medias. Ya sabes el resto, ¡desenlace o final explosivo!

"A ver, repite conmigo", seguía diciendo.

Mientras Tania, su profesora de Biología, proponía un receso para hacerle su regalo de quince años corrigiéndole las cejas, que para su gusto lucían demasiado espesas, lo que la hacía ver poco femenina.

Diris, la profesora de matemática, se enfadaba con Tania. Kenia, la profesora de Química, saltaba diciendo: "no creo que vaya a lograrlo. Ella nació para ser artista así como la gran Susana Pérez".

Iriarte comenzó a hablar y todos hicieron silencio. Mimi, no te olvides nunca de donde vienes, ni lo que te hemos enseñado. Nosotros creímos en ti. Ahora tú debes creer en ti misma. Todos sus maestros sonreían. Tenían los ojos bañados en lágrimas, pero no eran ojos tristes, eran ojos orgullosos y llenos de fe.

Se despertó sintiéndose ya una escritora importante. Observó con regocijo a su abuela, que dormía tranquila a su lado, y le dijo, aunque ella nunca escuchó, con la vista fija en el techo: "Lo seré".

Te lo juro mima, que así es como ella llama de cariño a su abuela, que seré la escritora más leída del mundo. Lo haré por ellos, lo haré por ti, lo haré por esa señora que me comparó con Gabriel García Márquez, lo haré por mí.

EL PRIMER EMPLEO

Ya quería trabajar. Necesitaba ayudar a su familia con los gastos de la casa. Deseaba comprarle flores a Fefa, la anciana indocumentada que vendía rosas en la calle. Le urgía enviarle dinero a su familia en Cuba. Ansiaba donar al menos veinte dólares a una de esas fundaciones que ayudan con la educación de niños de Latinoamérica. Soñaba con reunir dinero y poder construir un comedor público que ofreciera comida a los necesitados. Ambicionaba acumular una cantidad de dinero razonable para regalarle a su abuela un pasaje a Europa pues siempre le había temido a la idea de que muriera con la ilusión incumplida de conocer Madrid.

Nunca había necesitado demasiado para ella. Nunca había tenido buen gusto para escoger ropa, ni le había importado vestir bien, ni recordaba nunca cuáles eran las marcas de diseñadores famosos. Quizás, podría listar entre sus mayores "ambiciones", tener un carro barato que la llevara al trabajo; poder comprar buenos libros; o tener una computadora para intercambiar mensajes con los muchos amigos que estaban lejos.

La verdad es que quería trabajar. Ya había aprendido un "poco" de inglés en la escuela, porque viviendo en Fort Myers, en un vecindario repleto de gringos de campo, en su mayoría racistas, de los llamados cuellos rojos (redneck), con muy pocos restaurantes latinos, dos emisoras de radio hispanas y sólo un periódico semanal hispano, sabía que no llegaría muy lejos con su español, aunque lucharía por sus aspiraciones.

Así llegó un día al McDonald's de la Colonial, recomendada por una amiga, en busca de empleo. En Fort Myers hay muchos McDonald's pero a ese en particular Mimi le tiene un cariño especial. Fue el primer lugar que visitó la madrugada del 2000 cuando llegó de Cuba y fue invitada por Juan Ramón, el nieto de Esperanza.

Su amiga Maiby habló con Omar, el manager, para que le diera una aplicación y la ayudó a llenarla. Mimi se sentía perdida y nerviosa, y aún más ante las miradas y palabras de Omar que mostraba demasiada admiración por "su porte de latina". Le preguntó si hablaba inglés, y ella le respondió bajito y con mucho miedo: "a little bit". Él respondió en inglés: "¡Genial! Yo también hablo un poco de español".

Regresó a los pocos días a petición de Omar. Él le hizo una llamada a su casa que por suerte atendió su hermano Jans, pues no creía que hubiera sabido contestarle. Al llegar, la saludó, en inglés, con la emoción del adolescente ante el reencuentro de la chica que le gusta, no como el gerente de una compañía.

Había estado aprendiendo de memoria algunas frases importantes en inglés.

Llegó bien vestida y puntual, algo que los americanos agradecen, y no lo dejó ni hablar. Lo saludó de manera segura, lo miró a los ojos y le recitó un pequeño resumen de su vida y de por qué estaba allí, le contó de las ganas que tenía de trabajar en esa compañía y se disculpó al final de su discurso, con una sonrisa, por su acento o mala pronunciación.

Creo que no lo dejó pensar mucho; creo que le pareció simpática; creo que le gustaban las chicas jóvenes, atrevidas, decididas y valientes. Clavó sus ojos azules en los de ella y le dijo apacible: "¡tienes el trabajo!"

Eso último lo entendió perfectamente ya que lo había estado practicado como posibles respuestas desde la noche anterior.

Al día siguiente le puso en sus manos un uniforme, cuatro tallas mayor que la de ella, y le ofreció una sonrisa de conformidad cuando volvió con el uniforme puesto.

Pero Mimi lamentablemente no soportó un día completo en aquella cocina, preparando hamburguesas y friendo papas. Ni por la amabilidad de los compañeros, ni por la mirada bella de ojos azules de Omar que parecía prometerle todo.

Nunca llegó a preparar del todo bien las hamburguesas, se le quemaban las papas, era demasiado lenta para las órdenes, se distraía con el comentario de un cliente, con la cara bonita de los niños. Y si identificaba a un latino se ponía a preguntarles de dónde eran, cuándo habían llegado, si les gustaba este país. Definitivamente lo intentó, pero, ¡no pudo! Le agradeció a Omar la oportunidad, devolvió el uniforme y se fue a su casa pensando que un día escribiría esta historia. Al final escribir seguía siendo el único lugar de este mundo donde ella sentía que encajaba; la pasión a la cual verdaderamente ella estaba más interesada en corresponder con mayor fidelidad y entrega.

El primer sueldo y los quince de su prima Maydelis

Mimi había cobrado su primer sueldo trabajando en un Walmart de Fort Myers. Este era el primer trabajo que había conseguido en este país después de llegar de Cuba, y después de seis meses de búsqueda constante.

¡Qué suerte poder tener aquellos primeros 500 dólares en sus manos! Todos juntos, todos de ella, me cuenta emocionada.

Se los había ganado con mucho sacrificio. Iba a sus clases de inglés por la mañana en un bus y trabajaba en las tardes desde las dos de la tarde hasta las doce de la noche. Tenía una hora para comer y un descanso de quince minutos cada dos horas.

¡Había sufrido tantas humillaciones! Muchos clientes le decían enojados: "If you are not speaking English what are you doing there? Come back to your country!" Cuántas veces lloró mirando al suelo para que no la vieran las cámaras de seguridad. Cuántas veces lloró bajito en el baño para que nadie la oyera. Cuántas veces le hablaron y no entendió absolutamente nada de que le dijeron y sintió mil veces más ganas de llorar, de gritar, de salir corriendo de allí.

Pero necesitaba mucho el dinero. Y allí estaban por fin sus primeros 500 dólares. El pago de la primera quincena trabajada.

Se sentía ahora entonces como la cucarachita Martina del cuento infantil: "¿Qué me compraré? ¿Qué me compraré?"

Por esos días su prima Maydelis, junto a la que creció de niña, cumpliría sus quince años en Cuba. Los cumpliría lejos de ella y de su abuela que tanto la amaba.

Maydelis siempre fue muy distinta a Mimi. Siempre fue más fuerte, más seria, más linda. Siempre fue menos confianzuda. Menos soñadora, menos nostálgica. Hablaba poco y era muy desconfiada. Como si la vida le hubiera tocado dura e injusta. Como si todos los amigos que nunca tuvo la hubieran traicionado siempre. A sus trece años todavía se orinaba algunas veces en la cama y le importaba un comino que se burlaran de ella. Siempre fue más alta. Tenía el pelo castaño, siempre muy corto. Su piel era blanca como si no hubiera nacido en Cuba. Sus ojos eran verdes, intensos, grandes, expresivos, serios y distantes.

Nunca fue delgada, ni gorda. Odiaba ser delgada. Era tonificada, de huesos firmes y piernas encantadas. De muslos jugosos. Tenía verdaderas caderas latinas y una sonrisa, (rara vez la usaba), que le lucía preciosa.

Maydelis odiaba los libros. Odiaba la escuela. Soñaba con viajar mucho y vivir muy bien. Le gustaba la ropa linda y bailar. El único sueño que se le conocía, además de vivir algún día en los EE.UU, era formar parte de un cuerpo de baile profesional. No le gustaban los niños y nunca fue ordenada.

Mimi adoraba a su prima y no quería que sus quince años pasaran inadvertidos como fueron los de ella.

Los de ella pasaron sin fiestas, sin fotos, ni vestidos. Todos los bienes que tenían en Cuba fueron vendidos en dólares para pagar los tres pasajes de avión después de ganarse los papeles de la famosa lotería de visa en Cuba. El de su madre y sus hermanos.

Sus quince años habían pasado con más penas que glorias. Nunca conoció la magia de unos quince años divinos, ni dignos de recordar, ni significaron nunca nada. Nada importante sucedió. No se hizo fotos, no celebró nada, ni siquiera se veía bonita. No había asomo de senos ni voluptuosidades en ese cuerpo de niña pronta a ser mujer. Era mucho más delgada que el resto, más pequeña de estatura que el resto. Usaba aparatos en sus dientes que la hacían ver aun más fea y ridícula; menos deseada por los niños de su edad y mucho menos aprobada por los mayores que preguntaban siempre con sarcasmo: "¿Cuántos años tienes, nueve o doce? "¿Cómo así que estás en la secundaria? Seguro estás equivocada de grado. Te pareces a Pippa Medias Largas. Una garza tiene piernas más gordas que tú. Eres la niña de la espalda más larga del mundo".

De ninguna manera iba a permitir que los quince de su prima pasaran inadvertidos y fue así que sin pensarlo dos veces se fue a Miami y se gastó allá todo su primer sueldo en ropa para su prima.

Ese fue su regalo de cumpleaños. Le compró ropa nueva para sus quince con todo su amor. Le compró todo lo mejor y lo más lindo que pudo hasta donde alcanzó el primer sueldo de una chica de veinticuatro años que estudiaba y trabajaba para ayudar a su familia.

Maydelis sería entonces la primera de la familia que tendría una celebración de quince años con bellas fotos y con esos vestidos y peinados de señoritas de sociedad. Su prima había pedido que le mandaran dinero para comprarse una bicicleta. Una bicicleta que más tarde le terminaría robando un ratero malvado del pueblo. Ese seguramente no sabría nunca del esfuerzo que hizo la abuela de Mimi para poder complacer a su nieta. Maydelis tampoco se enteraría nunca que el primer sueldo de Mimi fue completamente para ella.

Su primer Thanksgiving

Mimi había llegado de Cuba hacía ya
varios meses. Vivía en Fort Myers, en la
calle Ortiz. Su madre les había dejado
saber a todos que irían esa noche para la
casa de Amanda, su manager americana
que los había invitado a cenar a su casa.
Era una mañana fría, nostálgica.
Celebrarían allí el Día de Acción de
Gracias. ¿Thanksgiving?, repitió para
sus adentros esa palabra que casi no
alcanzaba a pronunciar bien, "¿qué era
eso de Thanksgiving", preguntó,
curiosa.
"Thanksgiving es una celebración
tradicional americana que se celebra en
Estados Unidos y Canadá. En Canadá se

celebra el segundo lunes de octubre, en este país es el cuarto jueves de noviembre y es cuando se reúnen las familias, los amigos y comparten una comida para dar gracias". "¿Y cómo sabes tú todo eso?", le preguntó a su hermano que era quien le había estado explicando. "Porque lo leí en Google. Si no leyeras novelitas románticas todo el día supieras de muchas otras cosas", le respondió.

¿Creerá él que porque lee cosas en Google es una enciclopedia andante? Y se fue enojada a su cuarto pensando: "bonita manera de comenzar la mañana, discutiendo con un niño de catorce años que se cree un genio porque se pasa su vida buscando información en Google".

A las seis ya estaban todos listos. Su madre se había puesto un vestido rojo precioso a la rodilla, con unos zapatos negros de tacón alto.

Ella casi nunca suele maquillarse. Le aterra pensar en la posibilidad de envejecer más rápido al usar todos esos productos llenos de químicos. Vaya usted a saber quién los hizo y qué efectos contrarios harán en su cara, seguramente distinto a la buena recomendación que estará escrita detrás para poder vendértelo; pero ese día estaba notablemente maquillada. El abuelo se vistió de traje. Sólo recordaba haberlo visto vestido así en las fotos de su boda con la abuela. Su corbata era roja, seguro para que hiciera juego con el vestido de mamá.

Sus hermanos igualmente vestidos elegantes, ambos de traje. Ella se había puesto un vestido blanco con flores amarillas; llevaba el pelo suelto y cara de disgusto. No entendía por qué tenían que comer en una casa ajena cuando podía comer todos en familia como siempre.

La casa de Amanda era grande y hermosa. Tenían dos perros y un patio sembrado con hermosas plantas rodeado por un muro de piedras blancas. Ella había heredado la casa de sus abuelos. Mimi se alegró de que fueran ellos los únicos invitados y que por suerte, el esposo de Amada fuera mexicano y con él se pudiera hablar español perfectamente. Los hermanos de Mimi habían llegado de Cuba siendo niños y se comunicaban perfectamente con Amanda. Ellos eran los intérpretes para sus padres y para ella.

Se sentaron por fin todos a la mesa y se tomaron de las manos. Amanda inició una oración, (in english), que Mimi no podía repetir, al tiempo que abría bien los ojos, como para no perderse nada de la nueva experiencia, mientras todos los tenían cerrados y repetían la oración.

Sus padres habían llevado congrí, bistec de puerco frito, yuca con mojo y plátanos maduros fritos. También había pescado y un pavo asado gigante. Creyó que cenarían con música ya que en Cuba casi todas las celebraciones llegan acompañadas de una música a todo volumen como para atraer a todo el barrio. Pero este Thanksgiving, en su opinión de recién llegada, era muy aburrido.

José, el esposo de Amanda, le ofreció puré de papas. Respondió que no. ¿Quieres jalea, judías verdes, o pastel de nuez?, volvió a preguntar. "No, gracias, y usted, ¿quiere bistec de puerco frito?" "No, gracias, soy vegetariano, no como carnes, sólo pescado y vegetales". "Dios mío, pensó para sus adentros, podría morir de inmediato comiendo solo eso".

Nunca en su vida había comido pavo. Qué carne tan rara, tan seca, tan sin sabor; pero para no ser descortés dijo que le gustaba, y se sintió peor como mentirosa.

Amanda, acostumbrada toda su vida a comer pavo, lo devoraba con placer. Sus hermanos también lo disfrutaban. Sus abuelos prefirieron la carne de cerdo frita. Su madre casi se come el pastel de manzana ella sola. José no compartió su pescado con nadie y Mimi se comió todas las fritas de plátano maduro que pudo.

Todos reunidos, en silencio, dando gracias, compartían un gran banquete.

De repente José comienza a toser con fuerza, desesperadamente, se pone rojo, morado, hace señas con la mano para que lo golpeen por la espalda. Se le ha atravesado una espina de pescado. Amanda llama al 911 muy asustada. Llegan apresurados, les pide que la acompañen. Imposible negarse ante una situación como esta. Siguen en su auto a la ambulancia. Permanecen toda la madrugada en el hospital con Amanda.

La madre de Mimi se atemorizó tanto que vomitó todo el pastel. El abuelo, nervioso, iba al baño constantemente. Sus hermanos y Amanda lamentaban que se perderían las compras del Black Friday, y Mimi solo pensaba en ese refrán que dice: "a donde fueres, haz lo que vieres". ¿Por qué si era el "día del pavo" José tuvo que comer pescado y arruinarnos la noche a todos?

Han pasado ya algunos años desde que ella vivió su primer Thanksgiving, tan diferente, por cierto. Desde entonces, ha quedado prohibido en su casa comer pescado ese día. Tampoco comen comida cubana. Esa la dejan para todos los demás días del año.

Aprendieron, de la peor manera, a celebrar el Día de Acción de Gracias y a respetar el día del pavo.

Ser inmigrante para Mimi era como vivir en casa ajena

I

Mantenernos aquí y mantenerlos allá. Este era el lema consagrado de todos los inmigrantes, quienes la mayoría, dejaban familias en sus países y llegaban entonces aquí dispuestos a salir adelante empeñando todo para apoyar deseos tan positivos. Todo inmigrante era un héroe vivo. Piense en un momento en una persona un tanto desarmada que está en un campo de batalla. No era una batalla de película con efectos especiales, que estamos conscientes que es irreal. Tampoco era un sueño que abriendo mucho los ojos quedas fuera del mal momento. Esta era una batalla real, difícil, cotidiana, era la de sobrevivir. Y en ésta estaban todos de frente y cubriendo espaldas. El arma más poderosa con la que contaban era un corazón grande, unido a una memoria detenida que no olvidaba a los necesitados que quedaron detrás. La estrategia para permanecer en pie día a día era la siguiente: poder encontrar aquí un pedazo de tierra donde pudieran plantar su fe. Una fe que después compartirían con ellos, esa otra gran familia lejos que les dolía tanto recordar; ellos, los más pendientes de rezar siempre por nuestros sueños aquí, los que estaban allá.

Aquí era un vivir día a día duro. Los días pasaban demasiado rápido, como todo lo bueno que se va en un pestañear. Las comodidades costaban y se pagaban caras. Esta "vida mejor" era mucho más complicada, más pendiente; llena de espíritu y de superaciones constantes. Tenías que formar parte de la competencia, porque sino, te quedabas muchas millas detrás de los avanzados corredores del progreso. Esto lo ignoraba nuestra gente del otro lado. Pero nosotros no los llamábamos para quejarnos pues nos vestíamos de una coraza para no llorar. Refugiábamos la añoranza que sentíamos por orgullos logrados. No dejábamos a nadie sin respuestas. Siempre contaban con nuestros envíos especiales. Salvábamos sus meses manteniendo vivas sus ilusiones, diciéndoles que, ¡aquí nos iba bien y lo teníamos todo! No les explicábamos con detalles cuánto nos costaba el dos contra uno, es decir, dos familias pegadas de un solo sueldo, ni como cada ayuda enviada significaba quitarnos una posibilidad para nuestras necesidades y gustos particulares. Claro que cuando pensábamos en ellos, lo que menos importaba eran nuestros gustos, sino sus miserias, sus ojos después agradecidos, la satisfacción muy nuestra de haber cumplido con nuestro sagrado lema: ¡Mantenernos aquí y mantenerlos allá!

Y por ello, cada vez que le dábamos cumplimiento a esto nos sentíamos mejores y hasta más fuerza teníamos para contemplar el día siguiente con sus nuevos retos y sus nuevos sudores. Pero que todo fuera por ellos, siempre que lo valoraran, y que todo fuera por nosotros, ¡los verdaderos héroes de esta historia!

Ser inmigrante para Mimi era como vivir en casa ajena

II

Para Mimi los inmigrantes eran como estampados en una tela que antes era color entero. Eran como el caramelo que le agregas a un helado para cambiarle el sabor, o simplemente eran flores sueltas silvestres que fueron apareciendo, creciendo, mezclándose. Y así, con esa variedad, fueron embelleciendo el entorno. Los inmigrantes sin lugar a dudas habían luchado mucho para que se les reconociera su existencia ya visible, ya con raíces inevitables aquí. Este país sin los inmigrantes ya no sería lo que era hoy: un escenario admirado por el mundo, lleno de pedazos de países, de banderas unidas, de gente con empuje y dedicación (claro, Mimi siempre mencionaba la mejor parte, pues los peores no se ganaban espacios). Ya no podían voltear la cara para no verlos, estaban aquí, allá, al frente, a la derecha, a la izquierda. Se habían hecho bilingües, estaban en puestos importantes y en otros no tan importantes, ¡pero estaban! Habían alcanzado títulos y habían conquistado grandes compañías. Los hechos hablaban por sí solos y nunca estaría de más enumerarlos o recordarlos si hiciera falta. Pero aún así, siempre eran estos u otros los planes migratorios, que al final nunca llegaban a una verdadera conclusión que favoreciera a los inmigrantes.

Los meses pasaban, indetenibles, y quedaba siempre en el aire el asunto pendiente.

Al final todo eran palabras y promesas que esperanzaban corazones. Desde cuando se esperaba que se tratara ese tema con seriedad y compasión. ¡Pobres inmigrantes! La frase sonaba como parte de una novela dramática sin poder aspirar nunca a un final feliz. Gran parte de los inmigrantes, en su mayoría latinos indocumentados tenían trabajos fijos, lo que significaba una población económicamente activa. Mimi estaba un poco de acuerdo con quienes luchaban afanosamente en prohibir la entrada a ilegales. Lo que no entendía era por qué a los que ya estaban aquí, los que ya se habían establecido, que trabajaban, contribuían, pagaban impuestos; por qué esos no podían vivir una vida en armonía. Por qué era tan difícil que llegaran a tener un permiso de trabajo, un seguro social que reconociera que eran parte de este estado. Los inmigrantes solo querían tener el derecho o la posibilidad de poder viajar y ver a sus familias.

Sólo necesitaban estar cerca de sus hijos que nacieron aquí. Mimi soñaba con poder escribir algún día unas palabras que no fueran escritas y olvidadas al instante. Quería hablar valientemente algún día y soñaba con que su voz tuviera suerte y fuera al fin atentamente escuchada. Mimi sabía lo triste que era ser una inmigrante.

Ser inmigrante para Mimi era como vivir en casa ajena

III

Estados Unidos era el paradero de inmigrantes de todo el mundo. Coexistiendo tantas culturas juntas, no era difícil pensar entonces en diferencias y racismo. Esto, como en cualquier otro lugar del mundo, era real y se transmitía de generación a generación. Es cierto que ningún país era totalmente Dios ni totalmente Diablo, en todos existían personas muy positivas como otras muy negativas. El hecho estaba en no generalizarlas, aprender a reconocerlas y ayudarlas. No comenzar a crearnos ideas, ni comparaciones cuando decían de qué país eran; porque al final, los mitos creados sobre los países nada tenían que ver con cada persona diferente. Que tú te hubieras encontrado con el peor de los mexicanos no quería decir que el novio de mi hermana tuviera que ser igual. No era bueno creer que latinoamericanos de países diferentes se odiaban entre sí, ni había por qué encasillar a determinado país de una forma o de otra. Claro, siempre existían personas que no querían mezclarse con inmigrantes indocumentados; ni en el trabajo, ni en ninguna otra relación, por aquello de considerarlos personas de bajos recursos. Existían vecinos de diferentes nacionalidades que no se saludaban. Este país era muy duro y con el tiempo una gran mayoría te aseguraba que se endurecería también cualquier corazón de un recién llegado.

Pero a Mimi no la domesticaron, no la convencieron, se despojó de esas creencias y salió dispuesta a confirmar la información, a relacionarse, a saber la verdad. Lo que descubrió la llenó de aliento y esperanzas. Además de contar hoy con un millón de amigos, supo que el racismo está dentro de cada uno y de cada quien depende el desarrollarlo o no. Aprendió que cuando empiezas por no ser racista tú misma, entonces termina el racismo a tu alrededor; que cuando no te la pasas indispuesta pensando en eso, todo lo miras desde un entorno diferente. Aprendió que no importa que todos repitan a su alrededor que hay racismo entre inmigrantes, ella debía crearse su propio mecanismo de defensa, amando mucho su propia raza, pero sin vanagloriarse jamás de ella, de esta manera podría transmitir a los demás lo mejor de ella y de su gente. Comenzó a notar que todos la miraban con admiración y respeto. Y si por alguna casualidad alguien hablara algo malo de su país, ella era un ejemplo que les callaba el comentario. Demostraba siempre lo mucho que valía aunque viniera de donde venía. Regalaba siempre lo mejor de ella, hacía el bien y no miraba a quien, sonreía siempre e inspiraba confianza. Aprendió que las guerras siempre serían de dos y que la paz solo iba a depender de sus propios deseos y esfuerzos de poner su Stop. Una respuesta blanda siempre quitaría la ira. Se dio cuenta que no se le podía escapar la vida sin haber hecho algo bueno por alguien fuera cual fuese su origen. Sólo así tendría la oportunidad de comprobar qué bien se podía sentir luego de hacer el bien. No ser racista era justamente eso, ¡hacer el bien!

Era la paz de experimentar amor y gozo verdadero. Era estar feliz con su entorno y con todos los que le rodeaban. Al final la palabra gracias, de cualquiera que fuera, cambiaba siempre sus días. Mimi soñaba con que todos pudiera vivir algún día esa experiencia de reconocer que habían obrado bien. Deseaba no encontrarse nunca con corazones orgullosos, ni ojos activos, porque nada era más grande que la mirada piadosa de un desconocido. No menospreciaba ninguna nacionalidad porque de todas habían venido personas brillantes, como otras que le quitan el sueño con sus bajas actitudes pero estas últimas siempre eran las menos importantes. Aprendió que todos tenían sus propios motivos para sentirse orgullosos o lastimados si hablaban de razas, pero ella guardaría estas palabras y las recordaría siempre. Todos pertenecíamos a una misma raza: ¡La humana!

Ser inmigrante para Mimi era como vivir en casa ajena

IV

La inmigración había llegado a un extremo increíble. Parecía que viajar y querer vivir en otra tierra era la idea de moda en la cabeza de muchos. Pero más allá de la alegría de ser turistas bien atendidos, sin intenciones de robar espacios, estaba la realidad de un movimiento desesperado y necesitado del sur hacia el norte.

A medida que esta corriente aumentaba se intensificaban los obstáculos para frenar el traslado de estas personas. Las motivaciones para partir y dejar la patria seguían siendo las mismas, pobreza, represión, guerras, ideologías. Pero los países del destino escogido se mostraban cada vez menos dispuestos a acogernos. De hecho, se multiplicaban las ilusiones de salir, de llegar, de alcanzar, pero también se multiplicaban los no y los muros. Las fronteras se cerraban y las fuerzas del orden público intervenían con mayor severidad. Y era el miedo al cambio, a la falta de empleo, al desorden, o una guerra de idioma, porque al final prevaleciera como único "el oficial", muchas veces los pretextos para justificar las oposiciones o las vías migratorias. Gran parte de los inmigrantes habían permanecido aquí por un largo período con o sin autorización. Habían aprendido a querer esta tierra, se habían adaptado a ella, habían construido su hogar. Y dentro de sus sueños diarios estaba el obtener el derecho o la oportunidad de poder instalarse ya definitivamente. Pero las políticas de inmigración de los gobiernos no terminaban de encontrar una estrategia bien concebida en la que se pudieran resolver los problemas de algunos y callar los desacuerdos de otros. Y es que decidir entre las necesidades ajenas y la conveniencia particular siempre ha sido muy difícil. El "yo" interno es demasiado fuerte y te lleva a vivir tu vida normal con todos los placeres que esto incluye. Es por eso que muchos presidentes, tomándose su chocolate caliente, no se acordaban después del pobre que votó por ellos. Justamente les correspondía a ellos tomarse un tiempo para sus propias vidas. Y pronto se olvidaban de las sonrisas que habían estrenado en cámara para demostrar su simpatía y su increíble posición: "Estamos de acuerdo con que estén aquí, nos caen bien". Luego se olvidaban que habían millones de niños con el temor de ser separados de sus padres porque eran ilegales; ilegales que levantaban edificios, construían carreteras, eran electricistas y nos servían en un restaurante, pero que finalmente eran tan sólo eso, ilegales. Se olvidaban que habían millones de personas que no tenían licencia para conducir pero que tenían que salir a trabajar y llevar comida a sus familias. Y es que: "El qué me importa, no es mi problema"; se impone en nuestras mentes, a veces sin querer, de manera poderosa e incontrolable. No es lo mismo imaginar cuando estás frente a un televisor: ¿Cómo la estarán pasando?, que ser parte tú, de unos de ellos y tener que sufrir y sentir lo que ellos viven. En Estados Unidos se habían reunido personas de todo el mundo y era magnífico y explosivo ese divino encuentro de culturas. Mimi sabía que si todos se unían podían tener tanto poder como Voltus-5 o los chicos de Capitán Planeta. Todavía Cristóbal Colón, Benjamín Franklin, Martin Luther King, seguían teniendo admiradores y era por eso que Mimi continuaba creyendo que a alguien se le ocurriría pronto un método satisfactorio para cambiar la historia y poder corregir así el asunto siempre pendiente, de la inmigración.

Ser inmigrante para Mimi era como vivir en casa ajena

V

Ser inmigrante para Mimi era como vivir en casa ajena, esperando de un momento a otro que le pusieran mala cara, se hartaran de su presencia o terminaran por manifestarle el deseo de que se largara. Pero más triste que ser inmigrante, o residente ya permanente fuera de su país de origen, era el hecho de saber que no lo era porque así lo había querido.

Generalmente las personas aman desmedidamente la tierra que los ve nacer y cuando deciden abandonarla, es porque ciertas circunstancias los han obligado a veces. Huir de las amenazas de la delincuencia, escapar de guerrillas o tiranías, reunirse con familiares, o esperar encontrar en otro lugar oportunidades de trabajo para disfrutar de esa, la tan mencionada vida mejor.

Los que se quedan suelen vivir pensando que quienes se fueron son más valientes, que tendrán seguro mejor suerte, conocerán al fin el mundo, ese mundo grande que ellos admirarán, con ojos soñadores, desde un mapa.

Los arriesgados viajeros enviarán luego postales con algunas letras cariñosas como recuerdo debajo de bellos y lejanos paisajes.

Los que se quedan creen, que a los que se fueron, la vida les irá de maravillas, que tropezarán con minas de dinero fácil.

Algún día los que se fueron escribirán cartas, en las que contarán que llegar sólo significó el comienzo de una tenaz lucha por sobrevivir. El cambio resultó amargo y difícil. Contarán que debieron aprender a hablar en una lengua distinta; y esto muchas veces produjo frustraciones, lágrimas y nostalgias.

Contarán que no supieron que decir a veces, ni supieron donde dirigirse, o a donde buscar trabajo.

No todo era, como los que se fueron, habían imaginado; tampoco era como los que se habían quedado, creían.

Y no es que los inmigrantes seamos siempre incapaces ante el proceso de adaptación, contaba siempre Mimi; ni que respaldemos actitudes cobardes ante esos primeros meses que nos descubren sintiéndonos todavía como viajeros locos sin ruta fija. Sino que comenzar de cero siempre cuesta. Conquistar nuevos amigos, aun con el dolor de los que dejamos, duele. Rodearse de tantas culturas diferentes nos lleva a tener algunas diferencias a veces. Encontrarnos con los nativos del lugar escogido que, en algunas ocasiones, nos miran como plaga o extraterrestres dispuestos a desordenar su orden creado, nos hace sentir desdichados o nos llena, en el peor de los casos, de pensamientos como estos: ¿Será que no hay aquí lugar para todos?

¿Será que nos equivocamos de tierra, que elegimos mal o será que nunca debimos salir de la nuestra?

Estados Unidos
2004

Cuando la despidieron por primera vez

Entró a la oficina porque el gerente tenía algo que anunciarle. La invadió una sensación extraña, como si se fuera a despedir de todo aquello, como si diera ya por hecho el triste presagio de su destino fuera de aquel lugar; que si bien no le gustaba, la ayudaba un poco a mantener vivos a los suyos.

Él estaba de espaldas, haciendo el horario de la próxima semana. Ella sintió miedo de que no fuera aparecer allí su nombre. No se equivocó.

— ¡Hello! –dijo, para que Anthony se percatara de su presencia.

La miró de medio lado y le comunicó (en inglés), sin pausa, sin remordimientos:

— ¡Estás despedida!

Ella quiso preguntar por qué, pero no pudo articular ni un solo vocablo. Lloró a solas en el baño, como una niña que ha perdido a sus padres, por una hora entera. Lloró bajito para que nadie la oyera, lo último que quería era despertar compasión. Lloró de rodillas con la cabeza apoyada en un inodoro y las manos sobre su pecho como si creyera que estrechándolo mucho iba a poder concluir con su purgatorio.

En la tienda ya se comentaba que el despedido de Mimi era por culpa de Esperanza, muy amiga del gerente. Él era capaz de hacer cualquier cosa para complacerla, porque se moría de amor por ella. Se la pasaba reprobando todo el tiempo el trabajo de Mimi. Esperanza tenía hospedada en su casa a una prima que había llegado de Puerto Rico, a quien le urgía un trabajo.

Mimi le comentó con mezcla de dolor y vergüenza:

— ¡Me acaban de despedir!

Ella respondió alzando mucho la voz, como para que todos escucharan:

— Ay nena, deja el drama y vete de aquí— gritó con odio. ¿Tú no dices que lo tuyo es contar historias? Pues lleva tus historias al cine, para que los consentidos de Hollywood las dramaticen. ¡Desaparece de aquí! — volvió a decir, esta vez más furiosa—. Márchate donde están tus editoriales ladronas que casi nunca te pagarán el dinero que debieran pagarte por pasar tantas noches de desvelo escribiendo tus delirios. Se aprovecharán y se enriquecerán de tu talento, serás al final la que menos gane escribiendo sobre esas historias ridículas, llenas de tristezas, de amor, de logros, de triunfos. Todos los que escriben, los que actúan, los de las editoriales, todos son una partida de hipócritas y mentirosos que se creen mejores que los que trabajan en un banco, o en un restaurante, o en una caja registradora. Creen que el mundo es sólo palabras bonitas y bien conjugadas; imbéciles que se creen superiores a los demás por el hecho de haber creado algo. La vida real es de sacrificios para que sus hijos coman, es trabajo y más trabajo, servirles a los demás.

Se tomó un respiro y continuó:

— Leer novelas y ver películas románticas sin preocupaciones, con hermosos Brad Pitt o capaces de morir por una como el del Titanic, es un lujo que muy pocas pueden disfrutar. Las novelas nos venden rubios guapos de los que sólo existen dos en un millón; porque la vida está llena de feos, de gordos calvos, panzones, drogadictos, poco caballerosos, sin escrúpulos para engañar que te hacen sentir de todo menos que eres la Angelina de sus sueños. ¿Sabes algo? –dijo, casi como queriendo terminar-, todos estábamos hartos de tu optimismo, de que hablaras todo el tiempo "de que si la vida resulta más interesante cuando tienes sueños". Hace mucho tiempo que aquí perdimos los sueños. No soportamos tu sonrisa y la simpatía que aparentas tener. ¡Emigra y sueña en otro lugar! No pagaría ni un centavo por leer uno de esos libros con que sueñas escribir. A ver, dime, ¿qué cosa buena te han enseñado los libros?

Los libros habían sido para Mimi el consuelo y el refugio de una niñez solitaria, vacía, lejos del mundo y lejos del amor de sus padres. No existía para ella mejor regalo que un libro, eran el escape a su realidad. Estaban llenos de finales felices, de personajes valientes, leales, con principios admirables, con valores genuinos, bondadosos, afables, que la inspiraron mucho y la enseñaron a cultivar la honradez y la ternura. De ellos aprendió a ser justa, servicial, sensible y humanitaria.

Ella siempre se creyó buena para dar discursos, para hacer trabajos sociales, o para ser la psicóloga de personas necesitadas. Imaginó ser la reportera de noticias en un canal de televisión, ser profesora de teatro, escribir buenas historias o ser una reconocida abogada defensora de la justicia. Ella odiaba las injusticias por sobre todas las cosas, pero necesitaba ese trabajo hasta que pudiera llegar a ser alguna de todas esas profesiones "soñadas", para las que no tenía dudas que había nacido.

Es verdad que no le gustaba ese trabajo. Es verdad que lamentaba muchísimo sus horas detrás de una caja registradora. Sentía que se le iba la vida escaneando productos que eran para otros y que rara vez podía comprar para sí misma, porque el dinero que le pagaban, escasamente le alcanzaba.

Fue un día funesto para Mimi y su familia cuando llegó a casa y les contó sobre su despido.

Le hubiera gustado decirles que había renunciado porque era una decisión muy bien pensada; que en unas semanas comenzaría en un trabajo mejor del cual la habían llamado en cuanto aplicó, porque apreciaron sorprendidos, su gran capacidad y potencial para el mismo. Le hubiera gustado decirles que estaba feliz disfrutando de este nuevo cambio de empleo. Pero su situación era distinta. ¡Bienvenida al mundo del desempleo! Esa era su triste y dura realidad.

Esa noche fría, de diciembre, antes de quedarse dormida, miró al cielo y vio caer una estrella. Era una de esas a las todos suelen pedirles deseos. Mimi no fue la excepción, y pidió uno: Llegar a escribir algún día un libro con el que lograra enseñarle algo bueno a Esperanza.

El hombre que la acusó de violencia doméstica

I

*Un día/Uno de mis días/Uno de estos
tantos días/Un día de estos tantos
que tienen mis días/Te advertí que
despertaría y no hallaría huellas
tuyas en mis recuerdos/Ni siquiera un
rastro ínfimo/Una pequeña marca/
Un indicio vago/Una señal mínima/
Una pista leve que relatara de ti/Te
advertí que despertaría llena de
osadía, firmeza, voluntad y
determinación para ignorarte/Mi
vida abarrotada de tacto y buenos
propósitos terminaría reconociendo
que eres un ser poco responsable/*

Falta de concentración/Carente de buenos valores/ Incapaz de proveer seguridad/Escaso de orientación/Desfavorable para una vida en común/Pobre de razonamiento/Un ser incompleto/Inepto para casi todo/Incompetente/Desprovisto para apreciar/Mermado para evaluar/Privado de detalles/Limitado para amar/NO APTO/ Y completamente insuficiente/para esta vida mía abarrotada de tacto y buenos propósitos/

Mimi se despertó a las siete de la mañana y salió a comprarle sus pasteles predilectos. Rentó mesas y sillas que colocó en su patio debajo de una gran carpa. Le pagó a un DJ para que animara el festejo. Invitó a sus amigos. Le escribió más de cien veces "Te amo", en dos postales que adornó con sus propias manos y que nada tenían que envidiarles a esas otras que venden en sitios especializados en tarjetas de felicitaciones. Incluyó todo un derroche de detalles: un reloj, su perfume favorito, una billetera, un sobretodo de cuero.

Gastó sus pocos ahorros para impresionarlo, deseaba complacerlo, demostrarle lo importante que era poder compartir con él una ocasión como esa, "el acontecimiento de su nacimiento". Quería hacer de su cumpleaños un día verdaderamente especial y memorable.

Estuvo marcándole a su celular desde la siete de la mañana hasta las nueve de la noche, fueron más de quince llamadas, sin exagerar, una llamada por hora, pero él nunca llegó para cortar la torta, ni para apagar las velitas, ni para hacerse las fotos del recuerdo, ni para disfrutar de la comida que tanto se había esforzado en prepararle. Se quedaron las mesas con los manteles sin usar; nadie se sentó en las sillas. Sus amigos se despidieron apenados. Sus hermanos se fueron a dormir temprano.

Estaba preocupada, llegó a pensar que algo extraño le había ocurrido, quizás un accidente, un secuestro. Iba a llamar a la policía cuando él la llamó.

— Hola, mi amor, ¿cómo estás? _ dijo, en un tono normal, como si nada estuviera sucediendo, como si no advirtiera que eran pasadas las once de la noche y él había estado ausente todo el día de su cumpleaños sin responder a sus llamadas, sin presentarse a la fiesta que ella había organizado.

— ¡Feliz cumpleaños, Manuel! Me siento excesivamente triste.

— ¡Lo siento! Pero ha venido a visitarme desde Orlando, Oscar, un gran amigo de la infancia, al que hacía mucho tiempo no veía y hemos pasado el día juntos. Ahora salimos un rato, estamos conversando un poco, de lo que ha acontecido en nuestras vidas...

— ¿Y por qué no me lo presentas? Entonces, ¿no vamos a vernos hoy? _ le preguntó, entendiendo cada vez menos.

— Mejor nos vemos mañana. Te aburrirías demasiado con nosotros. Estamos hablando cosas de hombres.

— Bueno, está bien, disfruta con tu amigo tranquilo que yo me quedaré a dormir hoy aquí, en casa de mis padres _dijo, fingiendo un comprensivo sosiego.

¿Quién era ese tal Oscar del cual su esposo nunca le había contado nada? Su nombre no había salido a relucir en ninguna de todas las anécdotas juveniles que él habituaba contar. Nunca lo había enumerado entre sus mejores amigos, no había mencionado nada de su vida. Algo bastante raro estaba aconteciendo; y ella estaba dispuesta a averiguarlo.

Conducía de prisa sin percatarse que había descuidado la obligación de encender las luces, hasta que alguien le advirtió haciéndole todo tipo de señas para que se diera cuenta de su negligencia. Iba acompañaba de su mamá, quien se negó a permitir que saliera sola a aquellas horas.

Entraron en todos los bares, restaurantes y discotecas cercanas que él frecuentaba, pero ni él ni su supuesto amigo aparecieron por todo aquello.

— Es tarde. Debió haberse ido ya a casa. ¡Vamos! _ le sugirió su madre, en tono suave pero visiblemente afligida como si tuviera un espeluznante presentimiento.

No esperaba encontrar las luces de afuera encendidas, pues apagarlas formaba parte de una repetida y muy disciplinada rutina de su esposo antes de irse a dormir. Pero para su sorpresa, no sólo todas las luces estaban encendidas; sino que no encontraba donde estacionar su auto porque su casa estaba rodeada de muchos otros. Una música sumamente alta daba la idea de una gran celebración. No podía creer que todo aquello estuviera pasando en su propio hogar, sin su consentimiento. ¿Quiénes eran aquellas personas? ¿Quién las había invitado?

No tocó a la puerta, tampoco la abrió con su llave. Caminó hasta el fondo justo donde quedaba la terraza y allí pudo observar a Manuel en la cocina muy sonriente, conversando con una chica que lo ayudaba a servir la mesa. Un bizcocho enorme hacía de centro de mesa, donde se podían leer las letras rojas desbordadas por la chocolatina: ¡Feliz cumpleaños, Manuel!

A Mimi se le salieron las lágrimas. Entró como una loca por la puerta trasera directo a la sala, quería despedazar todas las fotografías en las que apareciera posando junto a semejante desvergonzado, pero otra vez la sorprendió el desconcierto: él se había adelantado y había guardando todos los cuadros, de modo que su papel de soltero y dueño exclusivo de casa no se malograra.

— Mi amor, ¡qué sorpresa! _se atrevió a decirle descaradamente.

— ¿Qué hace todo este repertorio de gente aquí? _preguntó ella a gritos. Caminó desmoralizada hasta la puerta y con una mano extendida vociferó: "Se me largan ahora mismo todos, porque si la dueña de la casa no fue invitada, este guateque ya se terminó".

Nadie se movió, nadie pareció prestarle verdadero interés a sus palabras y continuaron charlando, bebiendo y comiendo, y hasta hubo quien no pudo contener la risa ante tan ridícula escena.

— ¿Quieren más espectáculo, más diversión? ¡Pues la tendrán! _dijo tan alto hasta donde alcanzó su garganta.

Su apariencia de repente cobraba un aspecto esquizofrénico y emprendió violentamente sacudiendo el mantel de la mesa con torta y demás. Derramó toda la comida, rompió contra el suelo las copas de vino. Los que antes no tomaron en serio la situación, ahora salían corriendo, espantados.

Le abofeteó la cara a Manuel desequilibradamente, lo zarandeó con su poca fuerza, lo golpeó al tiempo que lloraba y le reclamaba y le gritaba todo tipo de insultos, como una demente.

Él esquivaba los golpes, se defendía en ocasiones, pero no intentó justificarse, no se atrevió a responder preguntas, a dar explicaciones. Hizo sus maletas y se fue.

Esa fue la última vez que lo vio, hasta el día que se encontraron en la corte, donde ella debía comparecer para responder a una acusación de él, de violencia doméstica.

El hombre que la acusó de violencia doméstica

II

Después que la policía le entregara en la puerta de su casa los papeles que la acusaban de violencia doméstica, Mimi dejó de comer, de dormir, de sonreír. Lloraba en su cuarto días enteros. Su familia estaba asustada. El ambiente general en toda la casa era de preocupación y desconcierto. La despidieron de su trabajo, perdió su auto, sus amigos, y quince libras de peso. Parecía un alma en pena deambulando callada, irreconocible, como si le hubieran arrancado de golpe el alma, la voluntad, la fe y las ganas de volver a querer.

Ese día ella entró a la corte y lo miró con verdadero aborrecimiento. Iba acompañado por su abogado, y vestido con traje y corbata, como si llevar un mejor atuendo lo salvara de disimular o de esconder la suciedad de su esencia.

Ella no podía creer que hubiera malgastado su tiempo y sus afectos con aquel hombre que ahora fingía ser su víctima.

La audiencia fue breve: el juez escuchó primero la versión de Manuel, quien hablaba nervioso y no siempre mantuvo la vista de frente. Dijo muchas mentiras, mentir era ya sin dudas su especialidad, así que aprovechó la ocasión para intentar graduarse con honores. Mimi le vomitaba fuego con la mirada. Oírlo le causaba repulsión. Cuando llegó su turno se esforzó para hacer el recuento de los hechos con sinceridad total y sin llorar.

— Señor Juez, ¡Manuel me mintió muchas veces! La primera vez fue cuando me dijo que debía viajar a New York por asuntos de trabajo y así sin más explicaciones ni detalles se desapareció por una semana. En ese tiempo casi no hablamos, a pesar de que yo lo llamaba tres o cuatro veces al día y le llenaba el buzón de mensajes contándole lo mucho que lo extrañaba. Su respuesta era en cambio, una llamada apremiante que no pasaba nunca de un minuto, me decía siempre lo mismo: "Estoy en una reunión importante, te llamo luego, besos, ¡te quiero mucho!"

Eran llamadas extrañas. Parecía como si estuviera hablando desde un baño o de alguna habitación cerrada, retumbaba su eco y no se escuchaban otros sonidos de fondo, como personas conversando, bocinas de autos o ruidos en la calle. Cuando regresó le pedí que me mostrara las fotos que se había hecho en la Gran Manzana, y su respuesta fue: "no tuve tiempo de hacerme fotos, tenía mucho trabajo".

Sospeché en ese mismo instante. Nadie que visita la Capital del mundo, regresa sin una docena de fotos. No tenía los tickets del avión, sus maletas no lucían como que hubieran pasado por una aduana.

Días después, con muchas dudas en la cabeza llamé a su trabajo y hablé con la recepcionista. Ella me dijo que Manuel trabajó toda esa semana y que no había estado en New York.

Cuando le reclamé, reconoció que me había mentido, dijo que tenía sus razones personales y que más adelante me contaría.

En otra ocasión, mientras se duchaba, alguien que no tenía grabado en sus contactos le mandó un mensaje a su celular diciéndole: "Manuel Ramírez, olvidaste tu paraguas el sábado cuando estuviste en casa. Cariño, puedes venir a buscarlo cuando quieras".

Llamé a ese número desde el celular de Manuel y me respondió una insinuante voz de mujer. Cuando salió del baño le pregunté si conocía aquel número, él respondió sereno que no sabía, que debía ser alguien equivocado.

Las dudas ya no me permitían dormir en paz y una tarde, coaccionada por tanta desconfianza, revisé su celular y encontré una llamada grabada. La escuché atentamente. Fueron más de cuarenta y cinco minutos. Él la llamaba "Norelia de mi vida". Recordaban la última vez que se vieron, sus besos, sus abrazos. Le contaba que no estaba enamorado de mí, que quería resolver solo su estatus migratorio; que mi familia era del campo, que no sabíamos comer en la mesa, ni teníamos estudios y que él servía de intérprete de toda la correspondencia porque nosotros no hablábamos inglés. Se reían los dos. Sentí que la tierra se rajaba debajo de mis pies. Me tomé cuarenta píldoras para que me aliviaran aquel dolor o para que me alejaran para siempre de él y caí desmayada en una cama. Las pastillas se negaron a cumplir su efecto siniestro y lejos de arrebatarme la vida, me devolvieron a la realidad. Él estaba sentado a mi lado, con la cabeza apoyada sobre mis piernas, los ojos rojos y ojerosos, el cabello despeinado. Todavía me faltaba por escuchar de sus historias. Me dijo que Norelia estaba enamorada de él, que tenía cáncer y que si le había dicho que no estaba enamorado de mí era para hacerla feliz, para devolverle alguna ilusión. Reconoció que estuvo mal, me pidió perdón, me juró que me amaba, que moriría viejito a mi lado y me propuso matrimonio.

Y por alguna razón extraña, o demasiada estúpida que nunca he llegado a entender, yo le creí, señor Juez, y no tuve el coraje, en aquel momento, de decidirme a terminar la relación. Dos meses más tarde nos casamos, y compramos una casa con el crédito y la ayuda de mis padres. El día de su cumpleaños él hizo la fiesta en mi casa, sin mi consentimiento, y es verdad que llegué a enfurecerme pero...

— Suficiente _ dijo el Juez_. ¿Testigos en este caso? _ preguntó imperturbable.

Manuel se sentía tan seguro de ganar el caso que no consideró necesario llevar testigos. Mimi sólo tenía de testigo a su madre, quien la había acompañado esa noche, pero su testimonio no sería considerado válido. Hubo un silencio en la sala y de repente apareció un señor alto, de unos 45 años, con un portafolio cargado de cartas. En ellas se podían leer las fechas en las que Mimi le confiaba sus sufrimientos y le hablaba de todas las mentiras del impostor de su esposo. Las fechas coincidían todas, tal y como ella se lo había narrado al juez. Era su tío César, que había viajado desde España para apoyarla en su audiencia.

El caso se desestimó por falta de evidencias verdaderas.

En se momento fue inmensamente feliz creyendo que se había logrado librar del degenerado de Manuel ya de una vez y para siempre, sin sospechar que lo peor, estaba aún por suceder.

El hombre que la acusó de violencia doméstica

III

Había cerrado la puerta para asegurarse de que nadie pudiera entrar y llegaran a sorprenderla observando las fotos de lo que había sido su boda.

No quería que nadie interrumpiera su momento de desahogo, aquel desahogo insoportable y vergonzoso, pero quizás necesario, o que trataran de consolarla con las frases de siempre: el tiempo cura todo, ya se te pasará, anímate, sal y diviértete; más alante vive gente, todo sucede por alguna razón, no eres ni la primera ni la última que se divorcia, y toda esa serie de oraciones atropelladas que suelen decir siempre, con el ánimo de aportar energía, los que no están padeciendo el mal momento. Lo último que querría ella escuchar, era todo ese repertorio de promesas gastadas, que en momentos como el que ella estaba viviendo, no lograrían hacerla sentir mejor, ni le iban a ofrecer ninguna recuperación inmediata.

Mimi se sentía en aquel instante sola y única en el triste mundo de los amores desacertados; y veía poco probable que fuera tan fácil pasar la hoja y seguir adelante.

Era como si la promesa o la idea optimista de que quizás lo mejor pudiera suceder mañana no le ofreciera ninguna esperanza, no le causara tentación alguna; le daba entonces menos importancia que al hecho de insistir en permanecer allí, tirada en el suelo, llena de lágrimas y de añoranzas, de tristezas y de mocos, de arrepentimientos y de culpas, aferrada al dolor de lo que de una forma tan desgraciada había vivido.

Lo conoció en una celebración del Cinco de Mayo en Fort Myers, una región ubicada al suroeste de la Florida. Era la primera celebración mexicana a la que asistía en toda su vida. Ella aceptó bailar con él algunas canciones. Meses más tarde ya salían juntos, ya tenían una relación más allá de la amistad. Fueron novios ocho meses y terminaron uniendo sus vidas un día de Febrero. Fue una celebración sencilla en un acogedor restaurante italiano en Naples. Estuvieron presentes sus familiares más allegados y tres amigos de Manuel como testigos. Ambos se casaron vestidos de negro y aquello más que una boda daba la apariencia de un funeral. Y fue un funeral prematuro en lo que se convirtió aquella relación, que no llegó a sobrevivir ni dos años, ya que terminaron separándose en agosto del mismo año.

Manuel había tenido una hija con su pareja anterior y era todo un padre orgulloso, responsable y amoroso. Era un hombre extremadamente limpio y organizado. Un hijo ejemplar, un hermano adorado. Reflexionaba mucho y hablaba poco. Romántico como ninguno. Escribía cartas hermosas y regalaba siempre buenos libros. Amaba las canciones de Ricardo Montaner, conducía bien, condenaba los abortos, recordaba sólo los recuerdos hermosos. Sabía de modas y de marcas. Se fijaba siempre en las uñas y en el pelo de una mujer. Le gustaba cocinar salmón, se despertaba temprano y le deba mucha importancia a sus días. No podía vivir sin viajar, sin conocer lugares nuevos, preferiblemente hermosos.

Contar con un buen retiro para cuando se hiciera mayor era su preocupación constante. Usaba siempre perfume; era demostrativo; no quería regresar a vivir a Venezuela y amaba a su madre por encima de todo.

Un domingo temprano apareció la madre de Manuel implorándole para que ella no le pidiera el divorcio a su hijo; sino que lo ayudara a resolver su situación con inmigración.

— Ten compasión de mí y de todo el sufrimiento que viviré si deportan a mi hijo _le dijo, con ese dolor que solo una madre es capaz de llegar a sentir.

— Su hijo nunca pensó en el dolor de mi familia cuando se atrevió a acusarme de violencia doméstica _dijo, esforzándose mucho para no caer profundamente conmovida ante la angustia de una madre que ruega, que intercede por un hijo. Su hijo, por conseguir establecerse legalmente en este país fue capaz de casarse conmigo sin amor, me mintió, me lastimó, se burló de mí y de toda mi familia, destruyó nuestro crédito. Lo siento mucho pero no puedo ayudarlo. No puedo apoyar, ni defender ante inmigración un matrimonio que no existe. Ya no queda nada de ese enlace que usted pretende simular como perfecto. Por favor, déjeme sola y váyase de mi casa.

Y así quedó Mimi, conteniendo el deseo de retractarse y las ganas de perdonar.

"No perdones mucho, porque se acostumbran siempre a lastimarte".

El novio Ángel

Castigas/Haces padecer necesidad/de
tanto extrañar siente que puede morir a
veces/Como perra es tratada/ Una, dos,
tres. Mil veces sin explicaciones es
abandona/Siempre a ella de todo la
culpas/de memoria conoces su
número/Marcas, cuelgas/Sientes todo su
amor/Daño le haces/No te importa, no te
hace a ti daño/Ganar el premio novel se
le ocurre escribiendo de su amor no
correspondido/Te burlas de sus
ansias/Esperándote queda desnuda/
Sueña contigo/Contigo sueña/Devuelves
cuando la ves el rostro/Cambias de
senda/La haces vivir al margen/La entras
y la sacas de tu vida/de a poco se lo das
todo/La mantienes sedienta/Con frialdad
la miras/Permites sus ruegos, luego te
lamentas de ellos/No le dices jamás: Eres
bella/ Le haces creer que nada vale/Como

la peor se siente/Castigas/Y todavía
crees que sabes de amor, que entiendes de
amor, que por amor has
luchado/Castigas/Y todavía te atreves a
decir: que amas?
El día que más llore/Era de madrugadas
y tú no llegabas/Salí como loca a
buscarte
con deseos inmensos de
encontrarte/Llegué a tu casa, toqué tu
puerta/Por la ventana miraste y con
entero descaro me ignoraste/Una hora
estuve tocando
a tu puerta/ Soporté el frío/ Escuché risas
burlonas de mujeres que adentro
disfrutaban de mi ridícula posición/ Y tú
sin explicación/ seguías sin darme el
frente/Estúpidamente yo seguía gritando
tu nombre/Cada minuto era un desgarro/
Era la certeza de que ya no
me querías/ Que abrieras aunque sea por
última vez tu puerta era solo lo que
pedía/
Tus desplantes/ Tus mentiras/ Tus
humillaciones/Tus engaños/Se me iban
subiendo a la cabeza/Ya no me amabas/
Con otra allá dentro me engañabas/Para
asegurarme rompí tu ventana/Sentí el

cristal estremecer/ Vi los vidrios caer/Ignoraste mi llamado y se bestializó mi enfado/ Saliste asustado/ borracho, drogado/ Tu mirada clavaste en mis ojos como peligroso tigre/Entré a tu casa para tu engaño comprobar/A nadie pude encontrar pues todos se me escondieron/ Me gritaste como nunca: Lárgate de aquí! No quiero verte jamás en mi vida/ Y con el corazón destrozado inicié mi partida/Tu mirada desenfocada me repetía que me odiaba/ Me empujaste, me golpeaste, me lastimaste, con llamar la policía amenazaste/Nunca te vi tan monstruoso, tan despiadado, tan vil/ Nunca como aquella noche sentí que había amado tanto/Hoy con el corazón destrozado e iniciado mi partida/No sé ni para que he escrito esta despedida/ Ya sé que nada de mí te interesa/Sólo espero nunca jamás volver por otro a perder así la cabeza/Juro/Juro no volver a molestarte/Juro/Juro hoy que voy a olvidarte/

¿Quién no ha soñado con poder encontrarse a un ángel? Mimi siempre recordará aquella repetida frase que le decía su abuela cuando iba a dormir: "¡que sueñes con los ángeles!" Era ella una niña en ese tiempo, me cuenta, para entender a ciencia cierta la diferencia real que existía entre los ángeles o los demonios. Aunque algo sí podía entender: "los ángeles parecían ser buenos y los demonios malos". Se daba cuenta que los demonios nunca eran mencionados, nadie le recomendaba nunca que soñara con ellos, y todo lo malo solía estar vinculado de algún modo con los mismos. "¡No digas eso, son cosas del demonio!", le decían siempre las personas mayores. "¡No me hables de él, es un demonio!", le oía decir a otros. "¡Vete para el demonio!" Esta solía ser la peor ofensa o el final de una ira terrible.

Fue creyendo y creciendo entonces con aquel miedo atroz inculcado contra esos demonios terribles y con aquella bendita pasión y devoción por los aclamados ángeles buenos.

La adolescencia llegó a su vida y conoció algunos amigos. Ninguno se llamaba Ángel. Cumplió sus veintiún y seguía esperando a su Ángel; ese ángel que siempre quería su abuela que ella encontrara en sus sueños.

Y era tanta su obsesión que a todos les preguntaba alguna vez: ¿conoces tú a alguien que se llame Ángel? Y las preguntas seguían el curso exagerado de: ¿Crees en los ángeles? ¿Te gustan los ángeles? ¿Has visto algún día a un ángel verdadero? Se pasaba horas imaginando como sería cuando lo tuviera al fin delante. Como pudiera venir vestido, como sería su voz, su sonrisa, sus ojos. Seguro tendría una mirada hermosa, infinita, sana y cautivadora, y la dejaría completamente enamorada. ¡Ella lo amaría tanto! ¡Y él la amaría tanto a ella!, que ya nunca más volvería a quejársele a la vida por falta de amor. Le escribiría poemas y le hablaría de su felicidad.

Conoció a algunos Lázaros, Yosvanis, Micheles, Yadieles, pero siempre temerosa que debajo de tantos nombres extraños que iba conociendo en su juventud, se escondiera un demonio de los que la amenazaban. Sufrió algunas decepciones en sus relaciones. Su problema, repetía con valentía y sinceridad, era el mismo siempre: no se entregaba, no les creía, ninguno de ellos se llamaba "Ángel".

Pasó algún tiempo. Y finalmente, un día, llegó el "ángel" que terminaría partiendo su vida en dos pedazos, peor que cualquier otro demonio de los peores.

Se llamaba Ángel, se portaba como ángel. Tenía todas las características físicas y espirituales que había deseado y esperado, o al menos de eso la convenció a ella. Su Ángel tenía ojos de estrellas, naricita de ajonjolí, boquita bien pintada, manos cariñosas, infinita la mirada. Se convirtió en su gota de lluvia, su pedazo de cielo, su franja naranja del arco iris.

Ella se entregó, le creyó, le escribió poemas y le habló de su felicidad. Y el ángel un día se tornó demonio. Gritaba, insultaba, hería, mentía, tenía vicios terrenales, olvidaba ser fiel y tener un buen propósito de vida. Descuidaba el amor, ignoraba su llanto, no creía en las palabras tolerancia, eternidad, nunca buscó de Dios. Después de sufrimientos continuos, de dolores que duelen, de ausencias, miedos, silencios, dudas, llegó a entender que a su Ángel le faltaban alas verdaderas, quizás las celestiales. Llegó a entender que ella lo que merecía era, ¡Un hombre real!

Ya nunca más ha vuelto a hablar de ángeles y promete no volver a hacerlo. Aprendió a respetarlos tanto o más que a los demonios.

Si es usted de los que les encanta todavía que le recomienden dormir con los ángeles, le sugiero abra sus ojos y decida bien con cuales de ellos se va a dormir. Recuerde: ¡Existen ángeles peligrosos!

El nacimiento de su hijo

Tenía cuarenta semanas de embarazo y su temperatura corporal marcaba en su termómetro casero cuarenta grados. La fiebre había comenzado desde las siete de la noche. Era domingo cinco de diciembre del año 2010. Fue la noche más fría de su vida y eso que le habían asegurado que en la Florida jamás iba a tener que padecer bajas temperaturas, pero esa noche puede asegurar que faltó poco para que se congelara.

Su abuela se había ido a dormir temprano porque también se sentía con gripe. Su barriga se había vuelto insoportable, medía más de 36 centímetros. Visitaba el baño cada dos horas para orinar y descendía de la cama con dificultad. Hacía muchos meses que había olvidado cómo era dormir boca abajo y tampoco podía dormir boca arriba porque sentía que se asfixiaba. De lado iba solucionando el mal momento como podía.

Esa noche llamó más de doce veces a su doctor y una voz en un contestador fue todo lo que consiguió como respuesta. Le dejo tres mensajes. El primero fue con un tono de reclamo y enojo, el segundo angustiada y con urgencia, el tercero sonó ya bajito y sin fuerzas.

Sentía miedo. Tenía tanta calentura que se duchó dos veces y llegó a pensar que esa fiebre conspiraba con todas sus fuerzas contra su vida y que no llegaría a presenciar el nacimiento de su bebé. El dolor de cabeza le empujaba las lágrimas. ¿Qué le faltaban por vivir después de esos nueve meses horrorosos que había vivido?

¿Podría suceder algo peor después de un embarazo con vómitos constantes hasta los cinco meses, depresión continua y sin horarios, llantos por todo y delante de cualquiera? Fueron llantos que parecían no tener fin, llantos de todo un día, de noches y de madrugadas. Llantos llenos de dolor, de nostalgia, de soledad, de mil por qué sin respuestas, y por si todo eso fuera poco, un accidente a los seis meses en el que su hijo y ella pudieron haber perdido la vida.

Tenía la panza llena de estrías que picaban, ardían, dolían, y que las sufría como un profundo y triste adiós a su juventud.

Quiso advertirle a su abuela del estado en el que se encontraba, quiso pedir que la llevaran a un hospital, pero no pudo levantarse de la cama después del segundo baño. Recordó que tenía su celular debajo de la almohada y la llamó muchas veces (ya que su doctor no se enteraba de sus llamadas). Puede recordar perfectamente como el frío no la dejaba moverse, como la hacía prisionera obediente de sus garras, le temblaba todo el cuerpo, los huesos le dolían demasiado. Quiso gritar: "¡Mima!, ¡Doctor!, cualquiera que me oiga por favor, vengan a mi cama, pregunten cómo estoy". Fue la peor noche de su vida y parecía no tener fin. Nunca antes había deseado que saliera el sol en las mañanas como esa noche. Nunca lo había agradecido, nunca lo había esperado tan ansiosa.

Siempre le preguntaba a su abuela por qué le gustaba tanto madrugar, por que solía despertarse temprano aun en sus días de descanso, pero ese día, verla llegar a su cuarto a las seis de la mañana, fue una verdadera bendición.

Llegaron a las nueve y media al hospital de Capel Coral. En cualquier momento su vientre estallaría. Se sentía agotada y sin fuerzas. No había comido bien en los últimos días, no había podido dormir pero sentía más pánico que sueño, más miedo que hambre.

La trasladaron en una camilla a una sala fría. Su cama tenía vista a la calle, lo que agradeció porque intentaba distraerse mirando los autos y las mujeres que imaginaba en una pasarela exhibiendo las botas y bufandas de la temporada. Por momentos se imaginaba escapándose del hospital en un auto de esos, o que era ella; una de esas chicas con botas y bufandas que caminaban sonrientes por las calles; con sus estómagos perfectos; ajenas a lo que les tocaría alguna vez. Deseaba ser la viejita que cruzaba la calle con dificultad, el policía aburrido que paraba el tránsito, el perrito vagabundo que miraba con ternura a cualquier dueño que lo adoptara. Quería ser una nube, un árbol, una hormiga, cualquier cosa menos ser ella misma y estar allí entre agujas, espéculos, y olor a clínica.

Mimi se quita el sombrero ante todas las madres valientes que trajeron a sus hijos al mundo sin llorar. Ella no fue una de esas.

En la espera no dilató ni medio centímetro en cuatro horas. Intentaban bajarle la fiebre. Bajaba y le subía de nuevo. Las contracciones eran inaguantables. Por fin el doctor ordenó una cesárea de urgencia. No quería demostrar su fobia, pero estaba completamente espantada. Mientras la llevaban a la sala de operación solo pensaba: ya falta poco para que todo esto acabe. Le pincharon la columna más de tres veces sin éxito, intentaba quedarse quieta pero sus temblores eran involuntarios. Finalmente, dejó de sentir su cuerpo, y escuchaba al doctor dar instrucciones, y unas manos procuraban sacar algo de sus entrañas, y ya no sentía dolor. Una gran excitación renació por un instante. Deseó ver la cara de su hijo, y entonces escuchó su llanto.

Su hijo arribó a este mundo a pesar de sus pesares, sano y hermoso, el seis de diciembre a las 4:16 de la tarde. Contempló ese día un lindo atardecer desde su cama y dio gracias. Lo estrechó contra su pecho y observó otra vez la calle. Alcanzó a ver nuevamente a las chicas hermosas con sus botas y sus bufandas, paseando divertidas e indiferentes; pero esta vez no quiso cambiarse por ellas... Mimi apreció los ojos azules de su hijo y entonces supo cuanto ya lo amaba.

El primer año de vida de su hijo fue un tiempo difícil, intenso. Días y madrugadas de desvelos perennes, hospitales y llantos que a veces no sabía como manejar ni como acallar. Era un bebé que todavía no sabía decir lo que sentía, lo que pensaba, lo que deseaba, lo que le dolía; pero en su mundo nuevo y desconocido, cada día contó con el amor de su mami y de su papi.

Fueron sus primeros sonidos, luego sus carcajadas, sus miradas cada vez más fijas, luego ya los reconocía, de pronto gateaba, y sus primeros dientecitos.

Cuánta paciencia, cuánto cuidado, cuánto amor le regalaron en ese primer año de vida y en todos los que le continuaron.

Ese cinco de diciembre del año 2011 fue muy distinto. Mimi preparó su fiesta de cumpleaños sin fríos, sin fiebres, sin abandonos..., ¡la historia era feliz y diferente...!

Como había sido el amor en su juventud y como era ahora

Mimi me propuso una mirada retrospectiva y recordó junto a mí su adolescencia. "¡Era tan fácil sentir amor en aquel tiempo!", me decía. Era tan fácil enamorarse y desenamorarse, cambiar a este por el otro, al otro por el otro y así sucesivamente. No recuerda haber tenido ni un solo período de descanso en esa búsqueda por el amor de su vida.

Durante la adolescencia, nunca vivió un día sin alguna ilusión. La verdad es que todos los chicos lindos le gustaban. Era como un síndrome, todavía no descubierto, de atracción fatal. Ocurría casi todos los días y a cualquier hora, con la única diferencia que el último que conocía siempre era más lindo o mejor que el anterior.

Siempre contaba con un sustituto rápido si algo fallaba. Era muy aplicable aquel refrán de: ¡un clavo saca al otro! Y la regla más importante del juego era: ¡nunca estar solos!

El amor en la adolescencia era tierno, inocente, sin miedos. Era como un bebé sin caídas, como un traje nuevo sin manchas, sin espacios sucios por el uso. Era atrevido, dispuesto siempre. Era como una embarazada primeriza, que no sabe lo que le espera, pero vive tranquila y deseosa porque llegue el momento de dar a luz. ¡El amor en la adolescencia Mimi lo sentía pero jamás lo pensaba!

¡Que lindos aquellos primeros besos nerviosos! ¡Cuánta emoción cuando la tomaron de la mano por primera vez y caminaron a su lado! Cuando la miraron fijamente y le juraron amor eterno. ¡Qué maravillosos esos primeros amores que le hablaron con tanta seguridad, a pesar de ser ellos tan inseguros!

Mimi reconoce que ya no se conformará sólo con una cara bonita que le sonría.

Ahora necesita tiempo para conocer su vida más que las buenas miradas, que le regalen. Ahora se preocupa de como se comporta con su familia, cuales son sus sueño, cómo y en qué dirección proyecta su vida. Ahora es importante que sea un hombre trabajador, buen padre. Ahora prestará atención para que no le mientan con frecuencia. Ahora su pareja deberá compartir y respetar sus criterios; darle el espacio necesario; apoyar sus proyectos. Ahora descubre asombrada que ya no se enamora fácilmente. Prefiere andar despacio, conversar antes de besar. Ahora ya le tiene miedo a los abrazos. Prefiere desnudar el alma antes que el cuerpo. Ahora le asusta la seriedad con la que va pensando y decidiendo.

Ahora está viviendo la madurez y tiene que aprender a conocerla y a disfrutarla. Porque todas las etapas de la vida son hermosas, y en cada una de ellas debemos encontrar la magia y conformidad.

El amor en la madurez es exigente, responsable, de expectativas firmes. Demanda respeto, compromiso real, fidelidad. Es un amor centrado, intenso, real, entregado, estable, sacrificado; en espera de los mejores detalles, siempre.

El amor en la madurez sí se siente porque en todas las etapas de la vida uno puede enamorarse de manera única, pero ahora Mimi lo piensa más.

La madurez toca a su puerta y ella cree que siempre hay una razón muy buena para volverse a enamorar, para volver a intentarlo.

Esta vez el amor puede ser tan tierno, tan inocente, tan atrevido, tan dispuesto y sin miedos como en la adolescencia. Ahora también podrá ser mas intenso, más verdadero, más enfocado o especial. Vendrá, sin dudas, con todos los ingredientes para volverse supremo: Ahora combinará el sentimiento con la lógica.

Al final el amor en la adolescencia o en la madurez es lo más hermoso que puede suceder en la vida y es hermoso estar siempre dispuesto a vivirlo intensamente; a brindar entonces porque podamos vivir siempre con alegría e ilusión y podamos ser los adolescentes enamorados de antes y de siempre.

Mimi insiste en creer en el amor, en hablar de amor, en buscarlo, en encontrarlo

Comparece el amor con sus sueños a colores/Pronto de otros matices nos llena/Alegrías con miedo/Dolores con esperanzas/vacíos aún en días soleados/Llega el amor con sus sueños a colores/Llega lleno a veces de mentiras que parecen ser verdades/Llega tarde/Llega cuando quiere/Llega cuando mil veces le has llorado/Llega el amor con sus sueños a colores/Llega cuando ya le temes a que llegue.

Son los amores difíciles a veces los más trascendentales. De repente, un día, te descubres amando sinceramente y con todas tus fuerzas a alguien. Y es ahí cuando la maldita manía de preguntarte siempre: "¿Me entrego toda o no?", se convierte en una preocupación completa en tu vida.

Pero el amor llega y entra, aunque le tiremos mil puertas en la cara, aunque le gritemos mil veces: "No". Se nos va colando de manera inexplicable en las partes más sensibles; en esas fibras que nos aturden y nos mueven los nervios. Nos percatamos entonces que ya nos tiene atados manos y pies, y nos hace seres vulnerables.

El amor se impone, se revela, se transforma así en una noche cualquiera en todo un acontecimiento en nuestras vidas. Nos va convenciendo y gustando la idea. Nos conquista y nos sorprende ese proceder único que sólo el amor es capaz de poseer.

Comienzas a reconocer abiertamente que amas. Te hace bien repetirlo cada día, sentirlo, demostrarlo. Te encantaría gritar que vives con el amor, que sientes amor, que finalmente, estás dando amor. Y ese amor nos hace sentir cosas espléndidas.

Por él decidimos alguna vez aprender a cocinar, por él toleramos más de lo debido, nos esforzamos a la hora de respetar una buena relación. Por él procuramos no decir mentiras, ser fiel. Por él pasamos por alto infinidades de sucesos mal hechos.

Con la llegada del amor empezaremos a vivir sensaciones intensas, placenteras, pero también desgarradoras, desde donde cabe experimentar dolor, hasta añoranza, temor o impotencia. El amor te rompe los esquemas, te arrebata el rumbo, te roba la libertad, la inocencia, te roba a veces hasta el juicio. Pero también puede dejarte la certeza de poder tocar la felicidad verdadera, esa que se vive a pedazos, pero que a su vez, nos hace sentir seres especiales y supremos.

Por amor nos iríamos a cualquier lugar y a cualquier hora, sin pensarlo dos veces. Por amor no escuchamos a los padres, ni a los amigos, ni a la razón.

Por amor somos capaces de besar a cualquier precio.

Por amor perdonaríamos siempre, porque el amor es irracional y absurdo, masoquista, cruel, sufrido, dependiente; pero profundo, eso sí, muy profundo.

Hay amores que te arrastran, que se te escapan a otros países; que huyen de tus proyectos, que se fugan un día de tus aspiraciones de niña. Hay amores que nos hieren mortal y para siempre. Hay amores que siempre encontraremos una y otra vez en nuestros sueños.

Hay amores que estamos seguros que no vamos a olvidar, le contaremos a nuestros hijos y a nuestros nietos, sintiendo todavía por ellos interminable añoranza en nuestros ojos.

Mimi sabe que hay amores a los que no se puede renunciar nunca, ni siquiera por amor propio.

Santiago otro amor desatinado

Mimi y Santiago se conocieron por Facebook. Mimi descubrió a Santiago en unas fotos que se dedicó a mirar un día. Era un álbum de un amigo que tenían casualmente ambos en común. Vio más de ciento veinticinco fotos, pero él solo apareció en una. Su imagen le llamó poderosamente la atención. Se apreciaba en su foto de perfil como un hombre maduro, de mirada segura. Vestía ropa casual, de buen gusto. Era alto, de cuerpo atlético, bien tonificado. Su piel era de esas que aunque se expongan mucho al sol, todavía se ven blancas, rosadas, armoniosas, bien cuidadas. Su aspecto en general dejaba ver al típico intelectual con lentes. Hizo un clic en su foto de perfil para tener más información. Su página tenía la información privada. Aún así, alcanzó a apreciar sus amigos. No pasaban de diez. Santiago no parecía ser importante, tampoco parecía que tuviera muchas ganas de aparentar serlo. Era raro, comparándolo con el resto que aspiran hoy en este mundo de Facebook, a los más de cinco mil amigos o contactos.

Le envió una invitación para que fuesen amigos. El tardó meses para responderla. Ella lo veía cada día dibujado en sus ojos, estaba pendiente de las fotos que ponía, aunque este casi nunca ponía nuevas. Fueron contadas las veces que se animó a compartir algún estado de ánimo en su página. Ella estaba pendiente, le comentaba, quería llamar su atención. Se hacía muchas fotos, escogía las mejores, le pedía a él que se las comentara. Todos le decían que era una mujer hermosa, todos menos él. Mimi se moría por saber si a Santiago ella le parecía bella. Él comentaba sus fotos de manera diferente. Sus comentarios, divertidos, estaban escritos en un español correcto.

Para Mimi, Santiago era un hombre interesante. Para Santiago, Mimi era una chica alocada, carente de afecto, con ganas de ser conocida, observada, tomada en cuenta.

Iniciaron una relación. Ambos eran relativamente jóvenes. Ambos eran cubanos. Ella no pasaba de los 30, el no llegaba a los 40. Ella quería tener un hijo con él. Para él tener un hijo era algo serio. Necesitaba una mujer especial. Una mujer en la que confiara mucho. Tendría un hijo cuando amara sinceramente. Sabía que lucharía por su familia siempre. Sabía que se quedaría para siempre con ellos.

Santiago había viajado mucho. Mimi soñaba con conocer todos esos países de los que Santiago le había contado siempre que conversaban antes de dormir.

Ella había llegado joven a los Estados Unidos. Se sentía cubana, comía comida cubana, bailaba salsa, le gustaba el béisbol y jugar dominó. Aun así, pensaba de manera más liberal a veces, como las americanas. A él le gusta la comida americana, la música en inglés, el fútbol americano y las rubias de ojos azules. Aun así, pensaba de manera más convencional.

La familia de Santiago vivía en España. La familia de Mimi vivía en Fort Myers. Ella quería ser una gran escritora. Al mudarse y vivir con él en Miami, Mimi comenzó a extrañar a su familia, a sus amigas. En una ocasión hasta le consultó la idea de poder salir una noche a bailar con sus amigas. Hacía más de un año que no las veía. Él reaccionó disgustado. No podía entender que ella realmente necesitara esa noche a solas con sus amigas. Más que querer salir sola, ella sólo quería bailar, ver a sus amigas, contarles lo feliz que se sentía al lado de su hombre, contarles de la suerte que había tenido. Él no creía en ella, ni en todo lo que ella le decía, ni en todo lo que le demostraba. Santiago pensaba que casi todas las mujeres mentían. Él no podía viajar con ella esas dos semanas porque trabajaba a tiempo completo en un hospital de Miami como enfermero. Ella no quería viajar sola, pero extrañaba de veras a su familia. Pensaba en la posibilidad de ir a verlos. Insistía en que era una buena oportunidad, una vez estando en Fort Myers, que ella pudiera salir alguna noche con sus amigas a bailar.

Se lo explicó calmadamente, se lo explicó dulcemente, se lo explicó en un tono de voz bajo, se lo explicó con muchas pausas para que lo entendiera bien. Él no entendió de ninguna manera. Creyó que ella le estaba pidiendo ese espacio, esa noche a solas con sus amigas, porque ya no lo amaba, llegó a pensar que era un pretexto ese de ir a ver a su familia. Seguramente ya se estaba aburriendo a su lado. Seguramente la relación comenzaba a dar síntomas de que algo anda mal.

Él ya no salía con sus amigos. Él ya no jugaba los sábados Aisoft con sus amigos. No salía a patinar con ellos. Ella le había dicho que podía hacerlo siempre que lo deseara, que no tenía por qué dejar de hacer las cosas que siempre hizo y disfrutó hacer en su vida antes que ella llegara. Él le había dicho que quería pasar todo su tiempo libre con ella, lo prefería antes que salir con sus amigos. No necesita hacer las cosas que hacía antes, porque ella llenaba ahora toda su vida.

Santiago no sabía que sus amigos habían llamado a Mimi para quejarse con ella. Sus amigos pensaban que ella era la culpable de que él ya no quisiera salir con ellos, que no los llamara, que no se vieran como en los buenos tiempos. Ella les había dicho a los amigos de él, que él sí los quería. Les había dicho que ella le había insistido para que salieran juntos, para que se vieran a menudo como antes. Pero era él, quien prefería pasar todo su tiempo con ella. Ella agradecía el tiempo que él le dedica, pero sentía pena por sus amigos.

A ella le hubiera gustado verlo llegar algún día con sus patines en una mochila, todo sudado, sonriente, contándole de lo mucho que se divirtió. Ella no quería que sus amigas la odiaran, así como los amigos de él terminaron odiándola a ella. Mimi quería convencer a sus amigas de que Santiago era el mejor hombre de este mundo. Pensaba que era sano que los dos pudieran disfrutar a veces por separado de las cosas que les apasionaban más. A ella le gustaba sentir que lo había extrañado y le gustaba oír cuando él le decía que la había extrañado mucho también a ella.

Santiago le propuso a Mimi que hiciera una fiesta en su casa, que pusiera música e invitara a sus amigas. Así podrían conversar y bailar tranquilas. Mimi consideró la opción con alegría, pero se dio cuenta de que sus abuelos dormían temprano porque trabajaban los fines de semana y que sus amigas, además, preferían reunirse siempre en una discoteca.

A él la idea de las discotecas le daba siempre un miedo excesivo. Discotecas era sinónimo de alcohol, drogas, hombres en busca de mujeres hermosas, mujeres en busca de hombres, infidelidad. Ella no tomaba alcohol, nunca había hecho droga en su vida, ni siquiera cuando le habían insistido. No le importaban los hombres que pudieran ir a la discoteca en busca de mujeres hermosas, porque ella sentía y creía que ya había encontrado a su hombre.

Mimi era fiel, tenía buenos principios, valores distintos a los de estos tiempos. Santiago prefería no confiarse demasiado, no arriesgar el amor. Ella entendió que necesitaba tiempo para convencer a Santiago. Era un tema para él y para muchos otros hombres y para otras mujeres también a veces complicado. El de dar espacios, el de permitir ciertas libertades, el de aceptar que uno tenga por separadas sus vacaciones, sus momentos a solas o decida viajar algún fin de semana sin la compañía del otro a ver a su familia.

Ella sólo pensó en la posibilidad de poder salir alguna noche con sus amigas a bailar. Ni siquiera era un deseo fijo o una necesidad imperiosa del alma. Fue sólo un pensamiento, un deseo de un momento, unas ganas que le asaltaron.

Para terminar la conversación de una buena manera, le dijo que lo entendía, ya era tarde y tenía sueño. Ella dormía abrazada a su espalda, ella lo amaba, estaba completamente enamorada.

Enamorada profundamente, con alegría de niña, con entusiasmo de adolescente, con la determinación y el deseo que siente una mujer al querer ver nacer un hijo. Lo amaba sin tácticas, sin procedimientos, de un modo inocente, tiernamente, sin miedos. Lo amaba poniendo el corazón, con besos y latidos certeros, de una forma real, intensa, entregada. Lo amaba con un estilo responsable, respetuoso, con el buen proceder del compromiso verdadero. Lo amaba con la fidelidad garantizada, con sentimiento, con lógica, de una manera hermosa, suprema, con una mirada fija puesta solo en él. Lo amaba prometiendo un buen amor que aspirara a eternidad.

Él era un hombre inteligente, comprensivo, pero nunca terminó entendiendo las necesidades de Mimi. No comprender, no permitir, prohibir, no llegar a un acuerdo verdadero y satisfactorio para ambos, nada de esto demostraba el gran amor que decía sentir por ella.

Mimi recuerda la última noche que vivió a su lado antes de hacer las maletas y regresar a su pueblo de Fort Myers. Me cuenta que él la abrazó muy fuerte y le dijo: "No sé si algún día tendremos un hijo, pero no te preocupes por eso, yo sí te quiero". Mimi no respondió ni una sola palabra y no se preocupó ya nunca más por preguntarle porque él no había querido tener aquel hijo con ella, aquel niño fruto y milagro de su amor, que terminó abortando por cobarde. Aquella noche ya su decisión estaba tomada. Aquella sería la última noche que lloraría por el mismo motivo de siempre. Mimi estaba convencida de que esta vez, tampoco había elegido bien.

Las malas experiencias con las ex novias

Mimi me contó que se encontró un día, en alguna revista, con un escrito titulado, "Cerrando puertas", del escritor brasileño Paulo Coelho. Le gustó tanto que llegó a recortarlo y a guardarlo en su cartera. El escrito decía algunas cosas como estas: Hay que saber cuando una etapa llega a su fin. Es importante dejar en el pasado los momentos de la vida que ya terminaron. Deshacerse de ciertos recuerdos significa también dejar libre un espacio para que otras cosas ocupen su lugar. Dejar para siempre. Soltar. Desprenderse.

Mimi asegura que muchas de las ex novias no se quieren despedir nunca. Adoran imponer su presencia; que insisten en mover los hilitos del recuerdo; se niegan a ser personas olvidables. Cualquier excusa les sirve de pretexto para querer mantener el contacto.

Llegan a convertirse en perturbadoras molestas, en insoportables fantasmas, en pesadillas continuas.

Llaman a cualquier hora al celular, al teléfono de casa, al trabajo. Escriben al yahoo, al facebook, al gmail, al msn, al blog, al twitter. Algunas no logran superar la dependencia. Se me rompió el carro: ¿pudieras reparármelo? Se me rompió mi computadora, ¿pudieras venir ayudarme? Me voy de viaje, espero que me extrañes, ¿quieres que le lleve algo especial a tu familia de mi parte. ¿Pudieras cuidar mi perro? Mi papá está enfermo, estoy deprimida, me siento sola. Tengo ganas de verte, cómo estás, cómo te sientes, cómo está tu familia, cómo está tu vida sentimental.

Y si hasta ahora habías sido tú la víctima de esas insoportables insistencias, deja que le cuentes de esa otra persona que llegó a tu vida. Ahora será esta, la pobre que tendrá que calarse a tu ex. Esas ex comenzarán casi siempre el ataque diciendo: Yo lo conocí primero, nosotros llevábamos veinte años juntos, tú nunca vivirás con él lo que yo viví.

Y los ataques continúan así: tú no significas nada para él. Yo soy el amor de su vida, tú serás solo agua pasajera, él siempre volverá a mí. Tú no puedes compararte conmigo. Yo soy mejor que tú en todo. Él siempre será mío.

Las ex tienen un doctorado en manipulación. Desean destruir tu nueva relación amorosa a toda costa. Como su vida tarda en regalarles calor y alegría, como que a ellas les cuesta ser felices con su presente, que en casi todos los casos fueron ellas mismas las que lo eligieron así, se niegan a aceptar que a él, sí le pueda ir bien sin ellas.

El único objetivo claro y principal de las ex es perjudicarte la vida y abrumar tu nueva relación. Las ex son unas maltratadoras psicológicas altamente peligrosas; adiestradas en el oficio de hostigar vida ajenas. En su desvelado afán de lastimar, de causar daño, de importunar, llega a hacer pasar en algún momento a tu pareja por una persona enferma mental, egoísta, incomprensiva, desquiciada, celosa, amargada, controladora, inmadura, insegura. Mucho cuidado con esto, no es tu pareja actual la que tiene problemas si se comporta, en algún momento, desesperada, tratando de reaccionar a un ataque de una ex, es tu ex la que tiene problemas al no querer desprenderse.

Un consejo para todos los que están padeciendo una situación similar: Sí podemos liberarnos definitivamente de un pasado personal amoroso y sí podemos liberarnos de esas ex que son adictas a querer fraccionar nuevas oportunidades que la vida te ofrece.

Un consejo a los novias actuales: no creas en eso de que nunca vivirás con él lo que ella vivió; lógicamente lo que ella vivió, ya tú no lo podrás vivir porque eso ya fue, ya no es, ya nunca más será. Ella tampoco vivirá lo que ustedes comenzarán a vivir juntos.

Cuida, salva y lucha por tu amor, construye una historia nueva, mejor y más sólida, para que nunca te conviertas en otra ex.

Y un consejo a las ex: "Por favor, vivan y dejen vivir". Lean el escrito de Paulo Coelho y regálense para esta Navidad un cariño nuevo.

Mimi me hizo prometerle que me cuidaría siempre de esas ex novias y que escribiría algún día sobre esto.

El día que Mimi intentó suicidarse

Después que escribió el mensaje, lo volvió a leer como para asegurarse de que era justamente eso lo que sentía en aquel momento, que era lo que quería decir, lo que tenía ganas de hacer. Quizás esperaba que su llamada fuera inaplazable y le quitara entonces aquella espeluznante idea; quizás en el fondo suponía con esperanzas que él mitigara su dolor, atenuara sus dudas, aliviara aquel desasosiego, sanara sus heridas o le consolara el alma.

Era él en quien más había confiado, contándole todos los secretos y traumas de su niñez. Era al que mejor había tratado, por el que más se había esforzado, al que más había amado.

Lo llamó más de veinte veces, pero él nunca contestó. Esperó por media hora alguna respuesta de salvación, algún mensaje de auxilio; pero no llegó el apoyo, no aconteció la esperada protección.

Dejó el celular casi sin batería tirado en la alfombra. Se levantó de prisa, abrió la puerta del cuarto como si quisiera salir corriendo y lanzarse delante de un carro. Caminó hasta la sala, luego fue a la cocina. Estaba completamente sola en casa. Eran las once de la mañana; las cortinas aún cerradas hacían que la casa permaneciera oscura.

Buscó en el garaje un frasco de veneno de ratones que alguna vez alguien le había vendido prometiéndole que era el mejor y más efectivo y el que seguro conservaría intacto, porque nunca lo llegó a usar, ni llegó a creer en la buena promoción del vendedor y sólo se lo había comprado para ayudarlo, porque quizás aquel era un hombre pobre que vendía veneno de ratones para poder alimentar a su familia.

Buscó con afán. Primero con alegría, luego con desesperación. El dichoso veneno no aparecía por ningún sitio. Fue otra vez hasta la sala, continuaba caminando de un lado a otro mientras pensaba como podía quitarse la vida.

¿Y si encontraba una soga? ¿Y si se daba candela? ¿Si se cortaba las venas? ¡Eso, una soga!, pensó.

Volvió al garaje. Había herramientas de todo tipo, grandes, pequeñas, nuevas, oxidadas; pero ninguna parecía serle útil para el acto. Siguió buscando: latas, muebles viejos, cuadros, basura, nada, ¡no había nada! Ni veneno, ni soga. En la cocina había cuchillos, enormes cuchillos. Usaría uno de ellos. Sería una manera rápida de morir, quizás un poco dolorosa y traumática, pero una manera al fin. Cortaría de forma rápida y precisa su arteria principal, la aorta.

Fue abriendo, uno a uno, todos los estantes: tazas, ollas, cafeteras, batidoras, copas, tapas, cazuelas, cucharas, tenedores, platos, cuchillos plásticos. ¿DÓNDE ESTABAN LOS CUCHILLOS REALES? ¿Los grandes, los peligrosos, los afilados, los que ayudarían a poner fin a su calvario? "Piensa, piensa", se repetía mientras lloraba, se daba cabezazos contra la pared y se jalaba sus cabellos. ¡No puede ser! Los había mandado a afilar.

Debía haber fósforos por algún lugar. Siempre había creído que morir quemada era sin dudas una de las muertes más dolorosas, pero en aquel momento nada le podía doler más que aquel dolor propio que padecía, sentía que la quemaba por dentro; y aquel que había creído su manta, su cubo de agua fría, su socorro, no estaba allí para ampararla, para detener ese fuego voraz que la asaba sin compadecerse. Así que quemarse por fuera solo le daría un impulso a su cuerpo para que se carbonizara ya de una vez y por todas de un modo más urgente, ¡pero tampoco aparecían los fósforos!

¿Una tijera? ¡Eso! ¡Se clavaría una tijera en el corazón! La halló rápido en una cesta que guardaba en el baño atestada de pomos de pinturas, alicates, limas, brillos y demás utensilios para uñas.

No era tan grande. Entonces, dudó que pudiera llegar a atravesar su corazón, que seguramente era muy grande. No importaba, ella estaba dispuesta a introducirlo en su pecho, a lo mejor para morirse o para aliviarse, no necesariamente tenía que perforarlo de lado a lado, bastaría un solo toque para sentirlo desvanecer porque, además de grande, sabía que tenía un corazón muy débil.

Poco a poco fue percibiendo como entraba la tijera en su pecho, la encajó hasta lo profundo. La sangre apremiante corría por su cuerpo, sintió mucha sed, llenó un vaso con agua, pensó que moriría ya en segundos y empezó a beber vertiginosamente pero el dolor no se iba, no dejaba de respirar, tenía los ojos abiertos, el suelo saturado de sangre, la tijera clavada en su pecho, su corazón seguía latiendo, ¡no acababa de morir!

No quería vivir más con aquel terrible e insoportable dolor. Entonces se llenó de ira y arrojó el vaso de cristal contra la pared, recogió los pedazos de vidrios esparcidos por el suelo y con ellos se cortaba las venas de los brazos, se hacía heridas en su espalda, en su estómago.

Sangraba y sangraba pero seguía viva. ¡No terminaba de morir! Y quería, anhelaba, necesitaba morir con urgencia. Entonces se le ocurrió tomarse todas las pastillas que había en casa, llenaría la tina de agua, entraría en ella y se quedaría entonces allí acostada, dándose el último baño de su vida. Se quedaría dormida y se ahogaría con aquella agua llena de su propia sangre.

Comenzó a ingerir las pastillas, primero de una en una, luego de cinco en cinco, luego todas las que pudo tragar. No alcanzó a calcular, no las contó. Pudieron ser ¿tres frascos llenos? No reparó en los nombres, saber el nombre de las pastillas que usaría para matarse era lo menos importante en aquel momento. La tijera todavía en su pecho, el piso bañado en sangre. Fue hasta al baño, llenó la bañadera de agua, se quitó la ropa, caminó hasta el cuarto desnuda para escribir su último mensaje o como para saber si el amor de su vida le había escrito aunque fuera tarde un TE AMO.

Nadie le había escrito, nadie la había llamado, ella no parecía importarle a nadie, nadie la quería. Ella nunca le había importado a nadie, ni de niña, ni de adolescente, ni de adulta. Miró a su alrededor, anheló despedirse de su amada habitación llena de libros, de su cama en la que tantas veces había descansado, soñado, amado, desde donde le había escrito tantos poemas a Octubre y había esperado con ansias el amanecer.

De repente sus ojos se encontraron con la foto de su hijo y entonces gritó: "¡NOOO!"

Despertó con los ojos llenos de lágrimas. ¡Que pesadilla tan horrible había tenido!

¡Eran las dos de la tarde! Había dormido demasiado. Recordó que su hijo pasaría el día con los abuelos, llamó enseguida para saber de el, quería escuchar su voz llamándola mamá, quería decirle que lo amaba más que a nada ni a nadie en este mundo.

No tenía llamadas perdidas, ni textos nuevos. Releyó su último mensaje enviado, ese que él nunca respondió: "¡Tengo ganas de matarme!".

Debió haberse quedado dormida llorando, esperando una respuesta.

¡Mimi se echó a reír! Ya no sentía dolor.

Salió al jardín, miró al cielo. Experimentaba el placer de poder respirar todavía. Corrió las cortinas de su casa para que entrara esa luz que la llenaba de alegría y felicidad. ¡El día estaba precioso!

Se miró en el espejo, todavía era joven. ¡Se sintió bella!

Volvió a pensar en su hijo. ¿Morir por amor? Se preguntó para sus adentros. ¡No! ¡Vivir para amar! Se respondió a sí misma.

Alzó la cabeza, estiró los hombros, ensayó su mejor sonrisa, vistió su mejor vestido, borró aquel mensaje, y salió a bailar.

La historia de su padre

Pagó la tarjeta que acababa de escoger, se puso sus lentes oscuros para que nadie se percatara de sus lágrimas y se marchó con la mirada puesta en el suelo.

Le sudaban las manos cada vez que intentaba escribir palabras en la postal que al final, nunca se atrevía a enviar, y terminaba guardando en una maleta negra, inmensa, que reposaba como reliquia sagrada, quieta e intangible, en un rincón de su cuarto. Después de releerlas mucho, siempre llegaba a la conclusión de que le faltaban detalles, anécdotas, sentimientos y dolores. Le causaba cierta tristeza no ser capaz de escribir todo lo que guardaba su corazón, todo lo que había sentido en cada día vivido de su existencia.

Mimi se preguntaba, al estar ahora a solas en su cuarto, si conseguiría, por fin hoy, a sus cuarenta años, expresar lo que imperecederamente había querido decir.

Se quitó los lentes, colocó su bolso encima de la cama, abrió la maleta negra, comenzó a sacar todas las tarjetas de felicitaciones que había comprado cada año por el Día de los Padres, desde que tenía ocho años de edad, se sentó en la alfombra y comenzó a leerlas por primera vez, una por una. Eran treinta y tres en total.

Postal número 1:

¡Felicidades papá en tu día! Cumplí 8 años y ya sé leer y escribir. Estoy enamorada de un chico de la capital. Me quiero casar con él cuando sea grande con un vestido blanco y quiero que tú me lleves del brazo. Tengo ganas de verte. ¡Te quiero mucho!

Postal número 2:

Papi, ¡felicidades! Mi mamá me dijo que el año que viene sí vendrás para mi cumpleaños. Cuando te den vacaciones quiero que me lleves a la playa y me enseñes a nadar. Besos, te quiero.

Postal número 3:

¡Felicidades, papito mío! Me quedé con deseos de verte en mi cumpleaños, pero no viniste, igual nunca me los celebran, pero no te preocupes que no quiero fiestas como las de los otros niños, yo sólo quiero verte llegar y que me abras los brazos y preguntes, dónde está la niña de papi. Un beso, te quiero mucho.

Postal número 4:

¡Felicidades papi en este día tan especial! Te cuento que soy la principal de una banda de música que hay en la escuela, También me han elegido como la jefa del colectivo y he ganado varios concursos de Literatura. Dice mami que me parezco al abuelo Augusto. Siempre saco buenas notas por si un día vienes a la escuela y preguntas cómo me va. Te quiero mucho, un abrazo.

Postal número 5:

¡Felicidades papi en este día! Ya estoy aprendiendo a nadar. El papá de mi amiga Dayaris me está enseñando. Él quiere mucho a su hija, a veces quisiera que tú también me quisieras a mí así. Yo sí te quiero, eres mi papá. Besos.

Postal número 6:

¡Felicidades papi! Ya cumplí trece años y quiero contarte algunas cosas aunque sienta un poco de vergüenza. Lo primero es que ya soy señorita, lo segundo es que me internaron en una escuela. Aquí soy de las más feas del grupo, la más pequeña de estatura, la que menos cuerpo tiene. Soy la amiga de todos y la novia de ninguno. Soy la incomprendida, la diferente, la solitaria, la que le gusta leer libros raros, la que no tiene amigas. El otro día le escuché decir a alguien que quizás tenía la autoestima baja. Papi, ¿qué cosa es eso de la autoestima? Te quiero mucho, ¿tú me quieres?

Postal número 7:

¡Felicidades papi en este día tan especial! Ya falta poco para mis quince años. Mi abuela me dijo que mis fotos serán las más lindas de toda Cuba porque tengo un papá que es fotógrafo profesional. Yo creo que me parezco mucho a ti porque, ¡me encanta hacer fotos! Espero verte pronto, te quiero infinitamente.

Postal número 8:

¡Felicidades papi por este día tan especial! Ya pasaron mis quince, parece que ¡otra vez se te olvidó mi cumpleaños! Yo no quería que nadie que no fueras tú me hiciera las fotos y por eso no tuve ninguna. Me siento muy triste pero todavía te quiero.

Postal número 9:

¡Felicidades papi en este día tan especial! Mami se fue del país, quizás pronto nos vayamos el resto de la familia también. No quiero irme sin despedirme de ti.

Postal número 10:

¡Felicidades papi en este día tan especial! Quiero que sepas que hice pruebas para la Escuela Nacional de Arte y quedé entre los diez finalistas, pero sólo llegaron cinco becas para la provincia de Pinar del Río y luego cuando hicieron el siguiente corte, no quedé entre los últimos cinco seleccionados. Todos mis amigos fueron con sus padres, menos yo. Un abrazo.

Postal número 11:

¡Felicidades papi en este día tan especial! Aunque haya cumplido ya dieciocho años todavía te espero siempre en el portal por si un día de estos me sorprendes con tu visita. Me debes muchos besos y abrazos y espero que muy pronto me los regales todos. Hoy te regalo yo a ti todo mi amor.

Postal número 12:

¡Felicidades papi en este día tan especial! Estoy viviendo en el estado de la Florida en una ciudad que se llama Fort Myers. Trabajo repartiendo periódicos, aunque en realidad lo que quisiera es escribir para el periódico. Me compré un auto usado. Me hubiera gustado que tú me hubieras enseñado a conducirlo. Te quiero mucho papá.

Postal número 13:

¡Felicidades papi en este día tan especial! Estoy estudiando inglés, quiero graduarme con honores y viajar pronto a Cuba para poder verte. Ya he ido conociendo nuevos amigos y salgo con ellos a veces a bailar. Casi todos beben alcohol, fuman cigarros o hacen algún tipo de drogas. Yo nunca he probado nada de eso, porque creo que a ti no te gustaría que yo anduviera haciendo esas cosas. Cuando me quedo a dormir a casa de mi amiga Patricia, su padre la espera siempre de madrugada sentado en la sala, con los ojos llorosos, se le ve muy preocupado, nervioso y le reclama con dolor: "Hijita, mira como llegas borracha y casi sin ropa, ese no es el ejemplo que yo te he dado. No me des más dolores de cabeza". No hago esas cosas, deseo que siempre te sientas orgulloso de mí. Te quiero mucho papi.

Postal número 14:

¡Felicidades papi por el Día de los Padres! Ya soy mayor de edad, tengo veintiún años y ya tengo novio. Me gustaría que lo conocieras y me dijeras qué piensas de él, que me dieras tu bendición. Te quiero de la tierra al cielo.

Postal número 15:

¡Felicidades papi por el Día de los Padres! Me voy a casar con mi novio en octubre, ¡ojalá que pudieras estar ese día conmigo! Te mando una lluvia de besos, te quiero infinitamente.

Postal número 16:

¡Felicidades papi por el Día de los Padres! Ya mi esposo y yo tenemos una casa. El día que la compramos hicimos una gran fiesta para celebrar. Me hubiera gustado mucho tenerte cerca ese día. Te quiero infinitamente.

Postal número 17:

¡Felicidades papi por el Día de los Padres! El libro que publiqué ha sido un éxito. He estado en algunos programas importantes y conocidos de televisión promocionándolo. Ya tengo mánager y pronto estaré presentándolo en la Feria del Libro en Miami y en varios países de Latinoamérica y Europa. Hago fotografía profesional como tú, y combino mi pasión con un pequeño negocio donde hago fotos de bodas, quinces o eventos importantes. Las fotos llevan mi firma: Mimi de la Rose, y eso me hace sentir muy bien.

Postal número 18:

¡Felicidades papi por el Día de los Padres! Vas a ser abuelo. Estoy esperando un hijo varón, lo llamaré Eduardo, como tú. Tengo la foto que nos tomamos cuando fui de vacaciones a Cuba pegada en la pared de mi cuarto y cada vez que me voy a dormir te doy un beso de buenas noches y te digo cuanto te quiero. Es la primera y la única foto que tenemos juntos y la cuido como un tesoro. ¡Te quiero tanto papá!

Postal número 19:

¡Felicidades papi por el Día de los Padres! Ya nació Eduardo, es rubio como tú y tienes tus mismos ojos. Deseé mucho compartir este momento contigo, que estuvieras ese día en el hospital cuando tu nieto nació. Me hizo mucha falta tu abrazo, un beso en la frente.

Ahí se detuvo. No quería seguir leyendo las postales que le faltaban. Las que seguían estaban llenas de muertes de familiares, de acontecimientos, vivencias, y momentos importantes en los cuales su padre nunca había estado presente. Y ya no quería seguir recordando más, ni preguntándose los porqués.

Se estaba secando las lágrimas cuando entró su hijo de doce años, en el cuarto y le dijo:

— ¡Mamá! ¿Otra vez aquí llorando con las tarjetas de siempre? Mira, te propongo que hagamos algo.

Su hijo se acercó cariñosamente y le susurró algo al oído, ella sonrió.

Al siguiente día fueron al correo y enviaron en una caja todas las postales que por años había conservado, junto con la foto que tenía en su cuarto. El siguiente año, el día de los padres, Mimi recibió por primera vez en su vida una carta de su papá en la que le decía que lo perdonara por todo lo que se había perdido, que estaba orgulloso de ella y que la amaba mucho.

Ella se sintió muy triste, porque no había comprado una postal para él, y tampoco ese día había recordado que era el Día de los Padres.

Mimi logra su sueño de convertirse en una gran escritora

Se despertó temprano y fue a inscribirse a la universidad más cercana. Estudiaría una carrera que para su opinión, parecía bastante humanitaria. Sentiría mucho placer ayudando a asistir enfermos, los atendería con amor, los curaría con aptitud. Se convertiría por fin en una persona útil, consagrada a los demás. ¡Conseguiría ser una compasiva y respetada enfermera!

Cuando anunció la noticia, su familia organizó en su casa una gran fiesta. Y la abuela le contaba con orgullo a sus amigas: "Mi nieta ya no escribirá más porque ha decidido ser enfermera". Y todas abrían desmesuradamente los ojos y repetían como un coro ensayado: "¿Sí? ¿De verdad? ¡No me digas!" Como si en el fondo disfrutaran más de una inyección que de un libro.

Después del último libro, que a duras penas había logrado publicar, con la peor editorial existente, la menos conocida, la más carente en prestigio, fama y honores. La que casi nadie conocía, la menos destacada, de la que nunca nadie hablaba.

Después de ese libro, en el que se atrevió a hablar de su padre, en el que intentó, sin éxito, sacar todo aquel dolor que le laceraba el alma; ese dolor que durante toda su vida no tuvo intenciones de renunciar; a la comodidad lamentable de querer vivir enterrado en su pecho; ese dolor que no se desprendía nunca, que no la abandonaba, que la perseguía noche y día.

Después de ese libro que nada parecía aportar a esa literatura que todos esperaban y celebraban; ese que casi nadie entendió, que casi nadie quiso comprar, que casi nadie aplaudió, ni elogió, ni recomendó, del que muchos se burlaron y casi todos criticaron sin medida, sin pena, sin tocarse el corazón.

Después de ese libro ella intentó escribir muchas veces y se sentó cientos de atardeceres frente a su computadora, escogió los mejores y los más lindos días, las madrugadas más exquisitas, las lunas llenas; aprovechó los amaneceres más espléndidos, las tardes de lluvias, los Octubres más románticos. Caminó frente al mar y recorrió bellos parques con la esperanza de llenarse de luz, de brisa, de energía, de universo; pero nada salía, nada parecía hacer regresar a la musa más vaga, ni despertar a la más mediocre de las inspiraciones.

Fue así como determinó entonces, olvidarse de la idea de querer publicar libros y concentrarse más en la profesión que ya había decidido.

Los primeros meses transcurrieron con rapidez y entusiasmo. Cada vez se familiarizaba más con la idea de que estaba haciendo lo correcto. Conoció nuevos amigos. Estos hablaban siempre con orgullo y frenesí sobre su futuro como enfermeros. Ella deseaba sentir lo mismo, expresarse igual, pero para su sorpresa, ¡no podía!, ¿o no quería? El hecho de tener que renunciar a escribir historias le llenaba los ojos de lágrimas. El sueño de ser una gran escritora reprobaba con angustia la necesidad de ser enfermera, competía con rabia y desesperación contra aquel "aclamado futuro prometedor".

"Mira, Laura se graduó de doctora, le decía siempre su abuela. La medicina si es una gran opción, una carrera importante, te da reconocimiento, prestigio. Y, ¿quién no quisiera tener en la familia a un médico, un ingeniero, un arquitecto, un abogado, un piloto, un gran empresario? ¿A quién le interesa realmente tener a un escritor en casa? Ser escritor no entra en los mejores oficios. Puedes escribir en un diario las cosas que te sucedan y quieras contar, puedes aprovechar tus momentos de tristeza y de felicidad, pero hazlo como pasatiempo. ¡No debes tomártelo tan en serio! No te conformes sólo con escribir, estudia, explora otros terrenos, pon tus ojos en posibilidades superiores, aspira a más y vivirás mejor.

No todos nacimos para hacer una operación del corazón o para salvar el agua y las especies de un derrame de petróleo. ¡Esas sí son cosas importantes!

Son profesiones de verdad que los demás admiran y agradecen.

¿Por qué no estudias para ser chef de cocina? Escribir libros e historias es tarea de unos cuantos vagos y dormilones que justifican su vida diciendo que llenan de inspiración una biblioteca, cuando en realidad lo que la llenan es de locuras, de frases y oraciones afiebradas.

Los escritores son en su mayoría personas carentes de afecto, de atención, de reconocimiento público. Son egocéntricas, cargadas de un ego insoportable, adoran ser escuchados en público, se mueren por una mayoría atenta, aman que se interesen por sus vidas, sus autógrafos. Quieren que los demás los escuchen hablar de todo el tortuoso camino que debieron recorrer para publicar sus libros, como si al final eso importara.

Tú no has nacido para escribir como crees, es sólo un capricho temporal, una ilusión que has alimentado durante años, una aspiración efímera. No es nada serio, nada que vaya a perdurar o a dar frutos.

El mundo se encargaba de asegurarle que no era buena, que nunca lo había sido, que jamás llegaría a ningún lado, que estaba loca si creía que lo lograría. Aún así el deseo de escribir siempre volvía, pensaba en escribir mientras cocinaba, mientras conducía, cuando se daba una ducha, cuando veía la tele, mientras dormía. Deseaba escribir con toda su alma, escribir era su pasión constante, su ambición más certera, la verdadera pretensión de su vida.

La invadió una tristeza inmensa, tan dolorosa y real que llegó a conocer por ella misma y sin necesidad de explicaciones de doctores, ni de amigos, que alguna vez la padecieron, el verdadero significado de la palabra DEPRESIÓN. ¡Se sentía tan triste en aquella escuela! Reconoció con nostalgia que extrañaba la revista del pueblo para la que había trabajado por años antes de iniciarse en esta aventura de estudiar un "oficio" distinto y mejor pagado.

Extrañaba las bibliotecas, era el único lugar donde quería vivir y morir y pertenecer.

No quería decepcionar a su abuela pero se sentaría otra vez a escribir. Intentaría demostrarle que escribir era importante y aunque a ratos tantas dudas y críticas la hacían dudar también a ella. Estaba dispuesta a escribir todos los días de su vida con la esperanza de lograr ser algún día una escritora genuina.

Un día Mimi conoció a un hombre que llegó a confesarle cuanto había soñado poder casarse con una escritora, una escritora llena de vocación y de ganas, que soñara con que podía volar. Y Mimi volvió a creer que era ella esa escritora. Y él la llamó: "mi escritora favorita", y escuchar esas palabras y creer en ellas fue mejor que todos los títulos y oficios que el mundo pudiera otorgarle o que ella hubiera podido llegar a alcanzar.

Y fue ese hombre quien la convirtió en Mrs López haciéndola su esposa y apoyó sus sueños, sus anhelos y deseos y ella olvidó la enfermería y se dedicó completamente a escribir.

Una noche su abuela disfrutaba de una de sus novelas favoritas cuando junto con un suspiro se le escapó un comentario: "¿A quién se le habrá ocurrido escribir esta novela? ¡Qué bella está!"

Mimi y su esposo sonrieron cómplices. Y su esposo dijo: "Señora, ¡esa novela la escribió su nieta!"

La abuela miró tiernamente a los ojos de Mimi y dijo: "Siempre supe que regalarte tantos libros cuando eras niña, serviría de algo".

Se gana la lotería siete veces

Se había ganado la lotería seis veces en su vida. Aunque nadie supiera antes de esta revelación que se atreve hacer ahora. Tampoco se atrevió nunca antes a vanagloriarse por eso.

No se dedicó a exhibir cambios notorios en su comportamiento de vida. No ostentó públicamente con todo cuánto poseía.

Nunca gritó a todos los vientos lo divino que era ser rica, y serlo de una manera tan abundante. No manifestó superioridad jamás en ninguno de todos los sentidos humanos.

No quiso nunca antes, hasta hoy, mostrar a todos lo afortunada que era: La primera vez que se ganó la lotería fue en el año 1984 (¿Cómo olvidar ese día...?) Fue un 12 de febrero. La segunda vez la consiguió en el año 1989. No recuerda el día exacto pero recuerda bien que sólo alcanzó a decir tres palabras.

La tercera vez que se apoderó de la soñada lotería fue en el año 1992, un 16 de diciembre. La cuarta en el año 2007, era 14 de noviembre. La quinta vez llegaba, un 3 de septiembre del año 2010.

¡Ya no podía pasar más! Lo sabía. Estaba segura de eso.

Se repetía en múltiples ocasiones que ya había sido demasiado. ¿Ganarse la lotería cinco veces? Sonaba a cuento de ciencia ficción; a una especie de suerte loca y enfermiza que sólo insistía en sorprenderla, en seguir su nombre, sus pasos; olvidándose del resto del mundo que yacía necesitado.

Lo que era un sueño repetido para todos se iba convirtiendo en algo natural para ella. "Tener" ya le parecía nada del otro mundo. ¿Por qué la vida la premiaba tanto? ¿Qué hacer con todo aquello?.

La castigaba la conciencia cuando no era capaz de agradecer y reconocer lo afortunada que era.

Pasaron algunos meses... Y cuando ya casi se convencía de que la suerte se había marchado definitivamente y para siempre de su vida, recibe el premio mayor: Por sexta vez, la lotería.

¡No lo podía creer! Esta vez había sido mucho, demasiado, excesivo.

No deseaba hablar de una cifra determinada. No quería representar semejante emoción en números que equivaldrían a cantidades. Sólo puedo resumirles que el término "excesivo" no era para nada excesivo comparado con la exorbitante suma que aquella lotería representaba.

Ya no podía pasar más. ¡Lo sabía! Ahora sí estaba segura de eso.

Pero por séptima vez se gana otra vez la lotería el 14 de enero de 2011.

Mimi no deseaba morir sin antes contarles sobre esta revelación que todos desconocían. No quería morir sin antes dar GRACIAS a la vida que le ha dado tanto; y no era justo morir sin que supieran antes de CUÁNTO estaba hablando cada vez que se ganaba la soñada lotería:

El 12 de febrero de 1984, cuando nació, ganó una Madre.

En el año 1989, cuando tenía 5 años, ya sabía cuánto valía una abuela.

El 16 de diciembre de 1992 consiguió su primer hermano.

El 14 de noviembre de 1993 le llegó otro hermano.

El 3 de septiembre de 2010 logró el sueño de publicar su primer libro.

El 6 de diciembre de 2010 recibió "el premio mayor", nació su hijo.

El 14 de enero de 2011 se comprometió con su príncipe, ese que todos cuentan que es azul, pero que a ella le llegó con todos los colores incluidos por si acaso no le gustaba el azul.

Dicen que el 7 es un número de suerte. Después de haberse ganado la lotería siete veces, Mimi ya no piensa como antes que es demasiado, al contrario, ahora está más convencida que nunca que todavía le falta ganársela siete veces más.

Tener otros hijos; verlos cumplir sus sueños; ser un orgullo para su familia; ser abuela algún día; ser la escritora más leída del mundo; vivir en el corazón de todos los que conserven sus libros; y morir anciana con Julio López, el amor de su vida a su lado. Después de ganar siete veces la lotería, Mimi nunca dejará de agradecer lo afortunada que ha sido.

La historia de sus apellidos

Hasta lo más simple en la vida de cualquier persona, había sido complicado para ella: el apellido.

Mimi fue el nombre que eligió su madre para ella; pues tenía el inequívoco presentimiento que sería su única hija y quería un nombre parecido al de ella. Debió haberse llamado, según las reglas de la sociedad, primero el apellido del padre, seguido del de la madre, Mimi Hernández-Cruz Mena.

Cuentan los que estuvieron presente el día de su nacimiento que su padre llegó al hospital para verla (luego de nueve meses de ausencia), y que su madre lo expulsó de allí sin reparos. Nunca más volvió a aparecer en su vida, ¡aunque ella siempre deseó que estuviera!

Quedó registrada entonces en el acta de nacimiento sólo con los apellidos de su madre, con los que vivió parte de su infancia y así matriculó en el preescolar siendo Mimi Mena Hernández.

Cuando tenía nueve años su abuela se casó con un preso político con la intención de poder salir del país. Como su abuela no deseaba irse sin ella, decidió, con el consentimiento de su madre, adoptarla como su hija. Todavía cierra los ojos y puede recordar a su madre firmando una docena de papeles y ella con sentimientos de: "No entiendo nada". Pasó entonces a ser hija de su abuela (y de Mario González, el señor con quien su abuela se había casado) y ahora era hermana de su mamá. Ahora era Mimi González Hernández.

Los trámites no resultaron y la Oficina de Intereses de los Estados Unidos les denegó la salida de Cuba. Su abuela hizo varios intentos de salir con ella de Cuba en barco desde la Isla de la Juventud o Isla de Pinos; pero terminaban siempre quedándose, diciéndole adiós a los que sí se atrevían, a los que descartan con fe y optimismo un posible desastre; a los que le temían a la dictadura más que al mar.

En la escuela ya las maestras y los niños que la conocían experimentaban confusión mientras pasaban lista, porque ahora respondía bajo el nombre de Mimi González Hernández.

A Mario, su supuesto padre legal, no lo localizaban por ningún lado, y aunque iniciaron una búsqueda que se extendió durante meses por cada una de las catorce provincias de la Isla, no lo encontraron por ninguna parte. ¿Había desaparecido, o habría huido en uno de esos barcos en los que no se atrevió a irse ella?

De pronto estaban nuevamente entre abogados intentando explicar aquella inusual situación. Comenzó otro proceso legal que termina cuando "yo" soy sólo hija de mi abuela. Mis compañeros de clase del séptimo grado me conocerán ahora llamándome Mimi Hernández Hernández.

Cuando cumple los diecinueve años su abuela se gana la lotería de visa, se divorcia de Mario y se casa con el abuelo que había criado a Mimi, Efraín de la Rose. Salió de Cuba llamándose entonces Mimi de la Rose. Con ese apellido ha publicado sus libros. Así la conocen los amigos con quienes estudió y sus compañeros de trabajo, pero se encuentra atrapada en esta nueva era de las redes sociales porque sus amigos de la infancia no logran encontrarla en Facebook. Se los imagina: ¿Cómo la busco? ¿Mimi Mena? ¿Mimi González? ¿Mimi Hernández Hernández? ¿Mimi de la Rose?

Debió haberse llamado Mimi Hernández-Cruz Mena, pero ahora que es una mujer casada ya no es ni Mimi Hernández Cruz Mena, ni Mimi Mena Hernández, Ni Mimi González Hernández, ni Mimi Hernández Hernández, ni Mimi de la Rose. Ahora es única y felizmente Mrs López.

El hombre que la convirtió en Mrs López, su mejor historia de amor

I

Y me sorprende encontrarte todavía,
siendo siempre el primero en el álbum del
recuerdo/ Acaso lo recordarás también
tú/ Fue en Noviembre, hace ya algunos
años/ Había un compromiso único,
admirar juntos ese día el mar/Ninguno se
atrevió a despertar reproches, a
distraerse en penas, en pasados, ni
en futuros/ Seríamos unos amantes sin
hablar/ Llenos solo de ojos y de olvidos/
Tú bendecías el encuentro/ Yo saboreaba
"el ahora"/ Tú me presumías del brazo y
olías a arena, a brisa, a mar/Yo olía a
libertad, a amor...Yo tenía olor a ti...!

La infancia de Mimi transcurrió en Pino Solo, un pequeño poblado ubicado a ocho kilómetros del municipio San Luis, en Pinar del Río, la provincia más occidental de la isla de Cuba.

En Pino Solo todos se conocían. No pasaban de doce casas, todas alineadas a un mismo lado del camino. Su casa estaba justo en el centro, pintada de azul porque su abuela decía siempre que le gustaba creer que amanecía en el cielo.

Tenían un terraplén de tierra roja y una vista hermosa al frente sembrada de tabaco la mitad del año y la otra parte del tiempo se convertía en el "parque" donde los pocos niños que habitaban Pino Solo jugaban a las carreras de caballos. Atesoraban una gran piedra a la orilla del camino y allí se sentaban al atardecer y hablaban de New York, de París, de China, de España, de Brasil, de Rusia, de la India. Cosas inventadas, claro lo que se les ocurriera, porque ninguno de ellos había viajado nunca y no sabían más que lo poco que habían leído en algunos libros.

En Pino Solo no tenían escuelas, ni tiendas, ni hospitales, ni teléfonos públicos.

Había una vaquería y un campamento que acogía por tres meses a los jóvenes de la capital, quienes venían, motivados u obligados, por la famosa propuesta "estudio y trabajo" impuesta por la Revolución Cubana.

Enero, Febrero y Marzo eran los meses más felices en Pino Solo, pues se llenaba de risas, de música, de olores distintos, de luces en las noches, de autobuses que venía desde lejos repletos de padres preocupados y demostrativos, que una vez por semana, el domingo, llegaban para llenar a sus hijos de regalos y de besos, asegurándose de que estuvieran bien.

Era el único día de la semana en el que podían (las personas que vivían allí) deleitarse mirando tantos autos juntos, ómnibus, personas transitando por aquellos parajes tan intrincados y olvidados. Pino Solo se convertía de pronto, al menos en su imaginación de niña, en una ciudad importante, visitada, reconocida.

Escuchaba hablar de un cine llamado "Yara", otros decían extrañar su "Malecón Habanero", alguien mencionaba un "Coppelia", varios grupos hablaban de moda, de música moderna, de turistas europeos. Usaban palabras desconocidas para los niños de Pino Solo como: "La Pincha", "Dar Muela", "Tremendo chucho".

Los niños de Pino Solo jugaban siempre descalzos, y no usaban camisas o blusas a pesar de que eran casi los meses más frescos en el invierno caribeño.

Ella tenía ocho años y andaba solo en calzón porque no había forma de que alguien lograra convencerla, y menos obligarla, a que anduviera vestida. Se quejaba siempre de mucho calor o, al parecer, era una niña muy poco pudorosa.

Recuerda que una tarde se fue con sus amigos del barrio a jugar a un lodazal, de aquella tierra roja que la vio nacer, porque había llovido mucho y se hicieron entonces unos charcos enormes que no quisieron desaprovechar para divertirse.

Estaban cerca de la gran piedra del camino y allí se habían reunido ellos, los chicos de la capital para conversar. Entonces uno de ellos dijo: "Oye tú, la niña semidesnuda ven acá". Y ella, niña al fin, curiosa, ingenua y enamorada siempre de los mayores, caminó, orgullosa de haber sido la escogida entre el grupo de chicos de Pino Solo que jugaban aquella tarde en los charcos, hacia ellos.

— ¿Te gustan los caramelos? _le preguntó el mismo que le había gritado antes para que se acercara.

— Sí _dijo, mostrando una sonrisa detrás de la que se podía apreciar un diente casi al mudar.

— Toma guajirita _y le puso sonriendo en su diminuta mano de niña un paquete grande de caramelos.

Lo abrió con mucha emoción, se sentía feliz por la distinción al creer que estaban siendo amables con ella; pero rápidamente reaccionó.

— ¡Esto no es caramelo! _dijo como quien pide a gritos que le devuelvan la inocencia que han pretendido ridiculizar, robar, matar.

— Claro que no son caramelos, tonta, es un jabón para que te bañes y te quites la mugre que llevas encima. Y terminando de decir esto estalló en unas carcajadas que luego fueron secundadas por otros del grupo.

Todavía lo recuerda viva e intensamente y le provoca llorar con todo el sentimiento que puede llegar a sentir una mujer ya de cuarenta años, pero en aquel momento no lloró, le arrojó el jabón por la cara y le dijo:

— ¡Más sucios estarán ustedes! Parece que el jabón no les ha hecho mucho efecto porque casi todos tienen la piel oscura, menos este, que sí es blanco y lindo_. Y señaló para el único de los jóvenes que no se había hecho eco de la risa que provocó la broma del jabón.

Y salió corriendo para su casa.

Estuvo dos semanas sin acercarse a la gran piedra del camino. Tampoco salió a jugar. Sólo se la pasaba en la ventana espiando a los chicos de la Capital quienes cada tarde se reunían seguramente a rememorar la triste para ella y muy graciosa para ellos, broma del jabón.

Una tarde se atrevió a sentarse sola en la piedra. Estaba decidida a enfrentarlos si llegaban otra vez a molestarla, los echaría de allí, aunque después Pino Solo se quedara solo, triste, aburrido, silencioso y abandonado. Aunque ellos fueran muy "fulas", palabra usada por ellos para describir a personas fastidiosas, y aunque ellos se comportaran a veces también de manera arrogante y desagradable, le daban vida a un Pino Solo apagado, lo llenaban de luz, de presencia, de simpatía.

De repente escuchó una voz: "Hola, ¿qué tal, por dónde andaban tú y tus amiguitos? ¡Los hemos extrañado!"

Era él, el único joven que no se había burlado de ella. Era condenadamente bello, blanco, delgado y alto para sus ojos infantiles.

— ¿Qué tú haces aquí hablando con esta niña? _interrumpió otro que se acercaba, idéntico a él, como si fuera su gemelo.

— ¿No es verdad que tiene los ojos hermosos? _dijo, refiriéndose a ella; e instantáneamente Mimi quedó enamorada, sabiendo cual de los gemelos era el que más le gustaba.

— Julio López, te están esperando en el campamento para que toques la guitarra _le dijo su hermano.

— ¿Yo puedo ir? _preguntó decidida.

— ¡No! _respondió tajante su idéntico.

— No la trates así, ¡déjala que nos acompañe!

Y entonces lo escuchó tocar la guitarra. Se enamoró de sus piernas, de sus lunares, de aquella, su manera tan peculiar de hablar. Y entonces, nunca olvidó aquel nombre, Julio López.

El hombre que la convirtió en Mrs López, su mejor historia de amor

II

Esa tarde, después de haberlo visto tocando la guitarra regresó a su casa saltando de un lado a otro, con una sonrisa pintada en su rostro. Llevaba entre sus manos un pedazo de papel que había apretado tanto que ya lo había vuelto estrujado y pequeño, casi invisible. Entró dando gritos por toda la casa, buscando a su abuela, a quien encontró en la cocina muy enojada porque llevaba rato buscándola y no la había encontrado por todo el barrio.

— ¿Dónde estabas, mi niña? ¡Me tenías con el corazón en la boca! _dijo, con ojos húmedos.

— Mima, perdóname, yo no quería perderme, ni verte a ti triste. Tú andas con el corazón en la boca y yo ando con el corazón en los ojos _le dijo, mostrándole las manos con los puños cerrados y extendidos, como para que adivinara en cual mano traía algo escondido.

— ¿Qué traes ahí? _preguntó, ya más tranquila. Abrió sus manos y le mostró el pedazo de papel blanco escrito con un lápiz de color verde. Su abuela leyó deprisa las dos palabras que estaban escritas: Estoy enamorada.

La miró muy seria y preguntó:

—¿Quién escribió eso? ¿Tú?

— Sí _le respondió con esa sonrisa típica inocente de quien solo tiene ocho años y se fue corriendo.

La escuela más cercana a la cual asistían los niños de Pino Solo quedaba en Santa María, un pueblito vecino a seis kilómetros de distancia. Era una pequeña escuelita primaria que se llamaba Patricio Lumumba. Su pequeñez no impedía mostrar la blancura de un busto de Martí como en casi todas las escuelas de Cuba, un comedor, una biblioteca y un patio donde los niños practicaban la educación física y merendaban. Su abuela la llevaba siempre en bicicleta por las mañanas a la escuela.

En su recorrido habitual tenían que pasar por el frente del campamento en el que se quedaban por cuarenta y cinco días los chicos de la capital que traían para que trabajaran en los sembradíos de tabaco. Los despertaban siempre a la seis de la mañana con una música que se oía en todo Pino Solo. Y ya, a las ocho, estaban todos listos en filas, como militares, frente a una plazoleta en la que se subía el director del campamento para darles las recomendaciones del día. Mencionaban siempre a las brigadas destacadas y ridiculizaban siempre a alguien de los rezagados.

— ¿Por qué si fumar daña la salud, las personas siguen sembrando tabaco? _le preguntó Mimi esa mañana a su abuela mientras pasaban frente al campamento.

— Respóndeme tú primero, ¿por qué me dijiste ayer que andabas con el corazón en los ojos? ¿De quién está enamorada mi niña? Preguntó la abuela curiosa y como si quisiera hacerle creer que ella era su mejor amiga del colegio lista para aconsejarla y escuchar sus confesiones sin hacer reproches. Estuvo en silencio por un largo rato, como si quisiera estar segura de lo que iba a responder o como si estuviera distraída pensando en otras cosas, mientras su abuela sudaba bajo aquel sol y pedaleaba cada vez más lento y decía: "tú estás cada día más grande y más pesada, yo estoy cada día más vieja y más cansada, y este lugar donde vivimos, ¡sigue tan lejos de la civilización!" Quisiera antes de morirme poder ver a un Pino Solo distinto, con carreteras y edificios, con parques y escuelas, con tiendas y teléfonos.

— Mima, estoy enamorada de un joven de la capital que es blanco como las nubes y lindo como un arcoiris _dijo por fin, como interrumpiendo aquel sin fin de aspiraciones, tan poco probables de que fueran a realizarse algún día, aunque esas eran las ilusiones de todos los que vivían en Pino Solo; pero tiene un nombre feo, se llama como las vacaciones.

— ¿Cómo las vacaciones? _ preguntó su abuela, soltando una carcajada como si dudara.

— Sí, se llama Julio como el mes de las vacaciones cuando nos vamos para la casita que tenemos en la playa de la Salina. Y ya no me preguntes nada más que es más grande que yo y me da vergüenza_ le dijo, al tiempo que le daba un beso de despedida porque ya habían llegado a la escuela.

Casi no prestó atención a las clases. Le contaba a su amiga Zaida sobre su Julio. Le decía que tenía ganas de besarlo y se reían las dos, mientras ella imaginaba su primer beso de amor, bien lejos de ese asco del que hacían culto todas las demás niñas de su aula.

Ese viernes, cuando llegó a su casa, no tiró los libros como de costumbre sobre la cama, no dejó el uniforme escolar desordenado, ni se fue a jugar con los chicos del barrio semidesnuda como siempre. Esta vez se puse ropa limpia y zapatos, se peinó con esmero, se pintó los labios y se fue hasta el campamento a ver si lo veía. Se asomó por una ventana del albergue de varones y lo observó acostado en su cama, leyendo un libro. Estaba tan cerca que pudo leer en el título: "La tercera Ola". Lo interrumpió para preguntarle: — —¿Te gusta la playa?

— Hola, ¿qué tal? ¿Cómo está la niña más linda de todo Pino Solo?

— Bien _respondió, sin dejar de mirarlo y con los ojos bien abiertos.

— Sí, me gusta mucho la playa y sobre todo nadar. ¿Tú sabes nadar? _ preguntó, dejando a un lado el libro que tenía en la mano, y mostrando interés por seguir conversando con ella.

— Sí, yo sé nadar. Tenemos una casa en la playa y nos quedamos allá por un mes siempre en las vacaciones.

— ¿Te gustan los libros? _le preguntó, mientras le señalaba algunos otros que guardaba en su maleta.

— Mi abuela siempre me regala libros. Son mis regalos favoritos. ¿Dónde tú vives?

— Yo vivo en la Habana.

— Sí, ya sé, pero ¿en qué parte? Muchas preguntas le llenaban la boca y todas querían salir al mismo tiempo.

— ¿Tú has ido a la Habana?

— No, yo nunca he ido. Sólo conozco algunos lugares de por aquí, San Luis, Santa María, Palizada, Buena Vista, La Coloma, El Corojo.

— Yo vivo en el Vedado _dijo, mientras hacía un gesto con la mano indicando que se sentara en su cama.

— Y tú, ¿tienes novia? _se atrevió a preguntarle sin mirarle esta vez a la cara.

— Sí, tengo novia _dijo, sonriendo.

— ¿Y cómo se llama? _insistió.

— Se llama Lucía.

— ¿Y es bonita? ¿Es más bonita que yo?

— Tú eres muy niña para estar pensando en esas cosas.

— ¡Me voy! Mi abuela me debe estar buscando. Mintió y salió de su presencia para que no leyera en su rostro que había roto sus ilusiones.

Caminó recordando sus ojos, su mirada, su voz y el título de aquel libro que él leía y que algún día leería ella también. Caminó de regreso mientras lloraba con todo el sentimiento de una niña que deseaba ser ya una mujer, una mujer llamada Lucía.

El hombre que la convirtió en Mrs López, su mejor historia de amor

III

La siguiente semana fue de receso escolar, le tocó quedarse en casa; así que aprovechó para espiar a su chico todo el tiempo que pudo y consideró necesario. Se asomaba por la cerca para verlo en las mañanas frente a la plazoleta. Se trepaba encima de dos cajas de madera, de esas que usaba su abuelo para recoger tomates, las que colocaba una encima de la otra, para verlo por arriba de las tablas altas que bloqueaban su visibilidad hacia afuera.

Él era de los pocos que se quedaban en el campamento todo el día junto a otros que tenían alguna condición médica, o limitación física. Los demás chicos salían al campo a trabajar temprano, y sólo los veía cuando regresaban al campamento para almorzar, y retornaban a trabajar en el campo hasta la cinco de la tarde. Regresaban tostados por el sol, llenos de tierra, de manchas de tabaco, de anécdotas, llenos de vida.

Al lado del campamento estaba la casa de Lupe, "el negro Lupe", como todos le llamaban cariñosamente. Debo decir que Pino Solo tenía agua por Lupe, porque él era el encargado de encender el motor de agua por las mañanas y por las tardes. En Pino Solo tenías que aprovechar estas horas para el baño o de los contrario, debías almacenar el agua en tanques por si se te pasaba el horario pudieras bañarte más tarde.

En el patio de Lupe había varias matas de mangos, limones, naranjas y aguacates. Mimi cruzaba la cerca de su casa y se subía a la mata de mango más alta y permanecía allí por horas observando cada uno de los movimientos y actividades rutinarias que le correspondían a Julio. En las mañanas, mientras limpiaba los baños y tiraba cubos de agua, lo escuchaba cantar canciones de Silvio Rodríguez y de Willy Chirino. Antes del mediodía lo veía sentado en el comedor escogiendo arroz, después de la hora del almuerzo lavaba las bandejas, luego las de la cena.

Sentada en aquella mata de mango, ¡lo dibujó tantas veces! Y guardó sus obras con recelo en un viejo portafolio de color marrón, como si fueran grandes logros, como si algún día fuera a ganar algún premio por aquellas obras de arte, que no eran más que garabatos imprecisos e infantiles.

Deseó acercarse más de una vez y hablarle de cualquier tema, pero no se atrevió. Pensaba que era mejor esperar a crecer. Una noche llegó a preguntarle a su abuela: "¿La Habana está muy lejos de aquí?" "Como a tres horas, mi niña, ¿por qué me preguntas eso?" "Porque quiero saber. Y ya sé lo que quiero que me regalen por mis 15 años" "¿Qué quieres?", preguntó su abuela, como dispuesta a complacerla en el acto. "No quiero fotos, ni fiestas, quiero ir a La Habana".

Iría a buscar a Julio a la famosa capital, y una vez allí preguntaría donde quedaba el Vedado. Ya sabía de él lo más importante, le decían Yuju, tenía un hermano gemelo, y sabía tocar la guitarra. ¡Con esos datos, estaba segura que tendría lo suficiente para encontrarlo!

Aquellos 45 días transcurrieron volando, y como mismo los vio llegar, ahora los veía partir; recogiendo sus maletas, despidiéndose felices de Pino Solo, un lugar feo al que casi seguro no querrían regresar jamás. Los veía tomando asientos en aquellos grandes autobuses, los veía (con lágrimas en los ojos) emprendiendo su largo viaje y marchándose para siempre.

Cuando cumplió quince años se fue sola a buscarlo a la Capital. Pagó un auto que servía como taxi, y este la dejó en la Terminal de Ómnibus de La Habana. Caminó muchas horas de un lado a otro, sin saber exactamente qué rumbo tomar. La Habana era mucho más grande y linda de lo que ella se imaginaba. Tenía puentes, muchas casas, muchas calles, muchos carros, muchas luces, mucha gente. Alguien le recomendó tomar un autobús para llegar al Vedado. Pensaba que el

Vedado sería como el pequeño poblado de Pino Solo donde todos se conocían; pero obviamente, se equivocó. Caminó y caminó desde las céntricas Avenidas G y 23 hasta tropezar con el famoso muro del Malecón habanero. Allí se detuvieron sus esperanzas. Se acostó y observó por un rato las estrellas. Fue una noche fría de febrero y durmió en un parque que, irónicamente, después supo que lo llaman El Parque de los Enamorados.

Un día Mimi abandonó Pino Solo, y junto a su familia se estableció en Fort Myers, una ciudad ubicada al suroeste de la Florida. Comenzó a reencontrarse y a hacer nuevos amigos a través de los portales MySpace y Facebook; y un chico llamado "Julio" le escribió. Fue como un rayito de luz. Rápidamente le preguntó si le decían "Yuju" o si tenía un hermano gemelo; si había estado en una escuela al campo en Pino Solo, si sabía tocar la guitarra o si había leído un libro llamado: "La Tercera Ola". Todas las respuestas fueron "No". Era un español buscando a una amiga cubana.

Pero esto le dio la idea de buscar "Julios" en la red, pero, ¡cuántos Julios había!

Envió el mismo mensaje a muchos y todos respondían que no sabían de qué hablaba. Un día apareció otro Julio. Esta vez no preguntó nada, solo se hicieron amigos, hablaban largas horas por teléfono, se contaba secretos, se reían juntos, se extrañaban uno al otro.

Una tarde de noviembre viajó desde Miami a Fort Myers para conocerla frente a frente. Y caminando por la playa durante el atardecer él preguntó:

— ¿De qué parte de Pinar del Río eres?

— Soy de San Luis, de Pino Solo Uno.

— Yo estuve una vez en San Luis, en Pino Solo Uno, en una escuela al campo. Recuerdo que mis amigos le hicieron una broma muy fea a una niña que vivía por allí _ dijo, con pena.

— Sí, la engañaron con una bolsa de caramelos, que no eran caramelos, era un jabón, ¿verdad? _preguntó, muy seria.

— ¡Sí! ¿Pero cómo sabes tú eso? _ preguntó, asombrado.

— Porque esa niña fui yo, dijo ella sonriendo.

Mimi de la Rose, reconocida escritora, se casó con Julio López, próspero ingeniero, un 15 de Octubre. Desde entonces se convirtió en Mrs López y desde entonces nunca se ha separado de su Julio. Y no tiene miedo que un día emprenda su viaje y se marche así, como lo hizo aquella vez en Pino Solo; porque al final, Julio siempre vuelve, porque al final, Julio nunca se va, ni se irá del todo. Todos los años llegará "Julio" y con él los recuerdos de Pino Solo renacerán en Fort Myers, o en cualquier otro lugar del planeta donde ella se encuentre. Renacerán sus nostalgias, sus ganas de amar, y sus esperanzas.

Nota de la Autora

(Después que Sr López leyera el libro que estaba casi listo para enviarse a la editorial, me escribió lo siguiente vía mail)

Estimada Dania Ferro:

Acabo de leerla. Recuenta nuestra historia con precisión y talento como sólo usted podría hacerlo. Me deja sin palabras. Se aguan mis ojos.
Recobro el aliento y por mi mente pasan tantos recuerdos. Cuando me encontré con letras de Mimi en cierta red binaria. Cuando le escribí de mi vida a petición

de ella. Cuando la llamé y me hizo saber que odiaba lo que hacía con aquella frescura honesta y transparente. De repente ella estaba lejos. Un mar nos separaba y sería imposible conocerla con tanto que hacer, tanta gente que nos rodeaba y tanto éxito por venir. Comenté sus fotos con sarcasmos ocurrentes despertando su interés, provocando risas en medio de aquella soledad que se le notaba. Le pedí que al regresar me llamara y nunca lo hizo. Decidí borrarla de mi mente, mis contactos, mi historia.

No soy de esos que persiguen sueños vanos. Pasó mucho tiempo, y el olvido no pudo con el recuerdo, aunque el recuerdo era ya casi subconsciente. De repente la encuentro reclamándome, no soportaba los olvidos. Y yo había querido olvidarla, no quería que me perdonara, mis razones tuve. Me alegra infinitamente escucharla. Su voz es diferente esta vez, más centrada, tierna, dulce. Veo imágenes recientes y entiendo el por qué. Espera un hijo y eso es una bendición para su ser. Lo siento en su voz. Hablamos por horas y cada minuto conectamos más. Me lee poemas, me cuenta historias, le digo lo que pienso. Viajo de costa a costa para conocerla, obsequiarle algo que necesita. Recopilar imágenes es algo que aprecia ahora más que antes. La encuentro sonriente, no para de hablar; estoy a la expectativa y comienza a emitir señales sin saberlo; señales ingenuas que delatan interés. Provoca en mí el instinto cazador, el cual reprimo; su estado provoca que guarde mis armas. Pero sé que ese actuar es un arma mucho más poderosa. El hecho de guardarlas, no mirarla cuando lo requería no fueron por temor, nada fue casual. Caminaba por la playa como la adolescente que va hablándole en susurros a su caballo que sólo puede escucharla tranquilo, sereno. Regreso feliz de haberla conocido. La quiero con certeza para mí, esta vez no habrá imposibles. Da a luz a nuestro pequeño hijo, digo nuestro, porque ya lo sentía así desde entonces. Le suceden cosas horribles que ahora no quiero recordar. Pasan los días y la llamo, espera mis llamadas con ansia. Ella era como una estrella rodeada de innumerables satélites. Los cuales se precipitaban y quemaban al entrar en su atmósfera, desintegrándose y esfumándose en ella. No sería mi caso, tengo el conocimiento para entrar y salir de cualquier estrella, no importa lo densa, ácida, o ardiente que sea su atmósfera. No me juzgue usted mal por ello, la vida me ha enseñado muchas cosas que no dejé pasar por alto. Ejercí tanta gravedad sobre ella, que fue ella quien sin saberlo penetraba en mi atmósfera cada día más. Reacciona, se niega a seguir el juego, delata entonces que va en serio, ¡me gusta!. Me invita un 24 de diciembre, conozco por fin a esa personita bella que nos roba las almas. La veo ya con otros ojos, la imagino mi esposa.

Toca mis manos delatándose al desnudo, mis ánimos son enormes, se acerca el momento, ¡del desenlace! Pero llegan sombras que oscurecen el momento y se da a ellas. Se da a ellas de una manera tal que apaga mi llama. Trago amargamente, actúo, trato de no ser evidente. Llegado el momento decido desaparecer, ya que la tierra no supo tragarme y no fue por no pedirlo. No sé por qué no supo. Me pide que me quede.

¿Cómo complacerla? ¿Cómo digerir lo que mis ojos vieron? ¿Cómo curar la herida por la cual me desangraba a chorros? Mis ojos miopes ven mucho más.

Me voy jurando no volver jamás. Noche insomne. ¿Cómo hacer para que desista de mí? Trato de escribir y resumo hechos, hechos que mis ojos vieron, que juzgaron mal por desconocer su verdadera historia. Historia que me contaría días después y calmaría esa ira interna que me mataba. Hablamos por horas, me aclara mis dudas. Cada día que pasa la aprecio más, pero sigo el juego. Quizás fui cruel pero no quería perderla, ¡eso nunca! Ya no puede más, lo noto en su voz, me trata de decir en tiempos incorrectos. Confundiéndome, yo sigo el juego y sólo paro cuando me cuenta un sueño, un sueño revelador después del cual no hay dudas. Ninguna duda. Decido volver, para ese entonces ya no más juegos. Llevo el corazón en la mano para dárselo. Lo toma con temores lógicos, pero lo toma. Provoca en mí una felicidad inexplicable. Hoy ya hemos vivido lo suficiente como para estar seguros. No temo a nada y quien intente lastimarla provocará la ira de los dioses. Acabo de leerla, Señora Dania Ferro. Y todo ha pasado ante mis ojos en fracciones de segundos. Acabo de leerla y le repito más convencido y más seguro que nunca: Amo a Mimi, ahora mi Mrs López, con la vida.

Le envié a Mrs López el correo que me había escrito su esposo y me sorprendió aún más su respuesta.

Querida Dania Ferro:

Gracias por el interés que ha manifestado en querer sacar a la luz algunas de mis tantas historias. Muy linda forma de escribir la suya. Siento una satisfacción infinita de leer lo que le ha contado mi esposo. Ahora si no es mucho pedir reenvíele a él mi respuesta a su correo por favor:
Yo buscaba, él buscaba. Yo buscaba la emoción que conduce al desespero. Él

buscaba morir en mi boca. Yo buscaba empecinada sus miradas. Él buscaba seguridad para creer en la aventura que describía yo. Yo buscaba razones. El buscaba argumentos. Yo buscaba que comprendieras mis verdades. El buscaba algo que lo ameritara. Yo buscaba merecerlo. El buscaba enseñarme. El buscaba morir diciendo: ¡para esto he vivido! Yo buscaba demostrar que amarlo tanto no sería nunca un disparate. Yo y él. Él y yo, buscábamos sólo eternidad.

Y dejé caer la guardia y de mi cabeza se adueñó su nombre. Permití que fuera este profundo sonido en mi cabeza. Su nombre sonaba a felicidad. Me deslumbraron sus destellos. ¡Y me causó fascinación y pánico!

Le quise regalar de pronto un cielo repleto de besos, mi mar lleno de sueños, mi lluvia de verdades, su canción favorita de Sabina. Dos lágrimas cada domingo y una emoción de adolescente cada viernes. Le quise regalar todo lo que algún día guardé para regalar. Le quise regalar todo lo que tenía, todo lo que podía, todo lo que él quisiera. Le quise

regalar una mariposa y el secreto de mi
amor a medio decir. Hoy él me ama con
su vida y yo lo amo con toda la mía. Lo
amo con toda la vida que he tenido. Lo
amo con toda la vida que ahora tengo y
lo amo con toda la vida que tendré.

Lo amo con toda la vida que pediría, que
pediría si supiera, que otra vez lo
encontraría. Aunque tuviera que viajar
nuevamente a Venezuela, pasar por alto
la vergüenza de volver a contactarlo por
eliminar mi nombre de sus contactos, por
olvidar yo un número de teléfono, por no
considerar un tiempo en mi agenda de
"ARTISTA" para él. Aunque tuviera que
enfrentarme nuevamente a la paciencia
de hablarle todos los días; esperando una
llamada de vuelta en uno de esos tantos;
como iniciativa, como declaración clara,
como esperanza certera de que era mutua
la admiración y recíproco el interés.
Aunque tuviera que soportar toda la
madrugada de un 25 de diciembre
preguntándome: ¿Por qué se fue...? A
pesar de lagunas de dudas; de disparates
del pasado que han impuesto peso y
parecen difíciles de olvidar. A pesar de
todo, DE TODO. Le pediría a esta vida

mía volver a encontrarse con la de él. Pediría que él me amara con su vida. Para poder seguir amándolo yo con toda la mía.

Ahora cada Octubre será diferente para él. Será diferente porque se acordará de mí, de mi risa alegre, de mis besos profundos, de mis palabras nunca fingidas cuando de amor por él le decía que me moría. De mis ojos pendientes, de mi oído dispuesto, de mi mano extendida, de mis abrazos y de la fuerza que estos le daban. Cada Octubre será diferente para él. Será diferente porque se acordará de mí. Estaré en todo lo que vea, lo que toque, lo que escuche, lo que sienta. ¡Me encontrará en todo! En aquel poema que le dediqué un día. Y si controlar sus lágrimas no pude y si su alma se llena de un vacío infinito, que no lo dude, Mimi, ahora su Mrs López, ¡lo ama todavía!

FIN